武术底蕴与科学发展探究

李文明 著

中国水利水电出版社
www.waterpub.com.cn
·北京·

内 容 提 要

　　本书以武术文化底蕴和武术运动科学发展为研究对象,全书内容集系统性和全面性于一体,不仅深入阐析了武术文化底蕴、武术文化发展状况以及我国各个地区武术文化的特点,还全方位研究了武术和哲学思想、全民健身、竞技体育、中医保健、学校教育的发展,并在此基础上指出武术的发展方向和发展建议。

　　全书语言简练、结构清晰、内容丰富,系统性、时代性、创新性等特点显著,还具有非常高的参考和借鉴价值。

　　本书对于武术运动的科学发展有着一定的指导意义。

图书在版编目(CIP)数据

　　武术底蕴与科学发展探究 / 李文明著. —北京:
中国水利水电出版社,2018.9
　　ISBN 978-7-5170-6805-1

　　Ⅰ.①武…　Ⅱ.①李…　Ⅲ.①武术一文化研究一中国
Ⅳ.①G852

　　中国版本图书馆 CIP 数据核字(2018)第 209116 号

书　　　名	**武术底蕴与科学发展探究** WUSHU DIYUN YU KEXUE FAZHAN TANJIU	
作　　　者	李文明　著	
出版发行	中国水利水电出版社	
	(北京市海淀区玉渊潭南路 1 号 D 座 100038)	
	网址:www. waterpub. com. cn	
	E-mail:sales@waterpub. com. cn	
	电话:(010)68367658(营销中心)	
经　　　售	北京科水图书销售中心(零售)	
	电话:(010)88383994、63202643、68545874	
	全国各地新华书店和相关出版物销售网点	
排　　　版	北京亚吉飞数码科技有限公司	
印　　　刷	三河市元兴印务有限公司	
规　　　格	170mm×240mm　16 开本　15.5 印张　201 千字	
版　　　次	2019 年 2 月第 1 版　2019 年 2 月第 1 次印刷	
印　　　数	0001—2000 册	
定　　　价	74.00 元	

前　言

在全球化的时代背景下,文化已经成为一个国家和民族凝聚力的核心要素。我国武术文化凭借鲜明的中国特色,成为中国文化在全球化传播过程中占据有利地位以及提高中国文化知名度的关键力量之一。但是,广大群众了解并挖掘出的武术文化底蕴十分有限,武术运动的科学发展速度也有待加快。2017 年 1 月,中共中央办公厅、国务院联合印发了《关于实施中华优秀传统文化传承工程的意见》,这标志着国家将要进入全面复兴传统文化的历史阶段。武术作为中国传统文化的血脉,经过长期迷茫、探索迂回的近代转型期,必将借着我国大力传承中华优秀传统文化的东风再次进入人们的眼帘,彻底走出中国武术"传而不统"的尴尬境地。在我国实施中华优秀传统文化传承工程的过程中,我们每个人都有责任深入挖掘和宣传武术文化的底蕴,以文化事业的视角审视和探寻武术的发展道路。

就现阶段来说,我国人民乃至世界各国人民对武术文化底蕴的了解比较少,武术和武术文化蕴含的底蕴和价值并未被广大群众以及武术习练者接受和肯定,推动武术运动科学发展进程的总人数偏少,这些无疑都不利于中国武术的传承和发展。为此,特撰写《武术底蕴与科学发展探究》一书,力求深入挖掘和论述武术文化的底蕴,同时探寻出武术发展的方向,进而有效推动中国武术的发展进程和推广进程。

本书共八章,大体可以划分成两部分。第一章至第三章是以武术文化为研究对象,全方位地阐析了武术文化的内蕴、发展状况以及我国各个地域武术文化的特点;第四章至第八章是以武术为研究对象,先后研究了武术与哲学思想的发展、武术与全民健身的发展、武术与竞技体育的发展、武术与中医保健的发展、学校武术教育的发展。具体来说，第一章是武术文化内蕴剖析，主要内容包括中华武术与中国传统文化、武术文化的基本形态、武术的文化内涵、对传统武术文化与现代武术文化的再认识。第二章是武术文化的发展状况解析，解析的内容有武术文化的发展现状、武术文化的保护与抢救、武术文化发展之剑文化与棍文化、武术文化发展之侠文化与镖行文化。第三章是不同地域武术文化的特点探析，探析的内容有武术与地域文化的融合、地域武术的文化表达、不同派别武术文化特点剖析。第四章是武术与哲学思想发展研究，主要内容有中国武术的哲学境界、武术与儒家思想、武术与太极思想、武术与阴阳思想、武术与八卦思想、武术与宗教思想、武术与五行思想。第五章是武术与全民健身发展研究，主要研究了全民健身概述、武术的健身养生价值、武术在全民健身中的发展状况、全民健身中武术的应用。第六章是武术与竞技体育发展研究，主要内容包括竞技体育概述、武术的竞技价值、竞技武术套路文化的审视与发展、武术纳入奥运会的现实困境与对策。第七章是武术与中医保健发展研究，逐一阐析了武术的基本技法、武术的医学价值、武术文化中的医学理念、常见的武术套路保健养生体现。第八章是学校武术教育发展研究，先后论述了武术文化的教育价值、武术文化与道德教育、学校武术教育的多元审视、武术文化在学校教育中的发展策略。

在撰写本书的过程中，笔者一直在想方设法使全书的各个部分达到条理清晰、语言准确、全面系统的要求，同时借助多种手段深入挖掘武术的底蕴，立足于多个视角审视和探寻武术的科学发展道路，力求为中国武术的科学化发展奠定理论基础、提供实践指导。

在撰写本书的过程中，参考和借鉴了许多专家、学者的理论和数据资料，在此向他们表示由衷的感谢。由于水平和精力所限，书中难免有错误存在，敬请广大读者批评指正。

李文明

2018 年 4 月

目　录

第一章 武术文化内蕴剖析

武术是中华民族的优秀文化代表,具有丰富的文化内涵,这是其源远流长的重要动力。本章将重点对武术文化内蕴进行剖析,主要包括中华武术与中国传统文化的关系、武术文化的基本形态、武术的文化内涵以及对武术文化的再认识。

第一节 中华武术与中国传统文化

一、中华武术与兵家思想

(一)注重精神力量

我国的兵家思想认为,只有军心稳定,士气大振,才能取得战争的胜利,士兵们在战争中拥有昂扬的斗志和勇猛气概,可以为战争取胜打下非常坚实的基础。对于武术来说,也借鉴了兵家思想中的精华,武术练习和技击动作的发展,必须拥有强大的精神力量,才能在武术实战中取得胜利。通过平时的武术练习,使习武者树立正确的生死观和价值观,有意识地培养习武者的心理素质,促进其形成良好的精神力量,使习武者快速提高。

(二)主动权的掌握

在兵家思想看来,掌握战争的主动权是取胜的关键,在武术场上,主动权的掌握主要表现在以下几个方面:

1. 先为不可胜

武术技击实战中，讲究"先为不可胜，以待敌之可胜"的战术意识，而且在不少拳种中，还专门制定了不为胜敌而只求胜自己，在任何情况下均可立于不败之地的技战术方法，例如在采莲手中就有一种"以不变应万变，不求胜只求不败"专门用于拖闪对手各种攻击的防守步法。

2. 知己知彼

古代的军事家们讲究知己知彼的战术方法，在军事家们看来，"策之而知得失之计，候之而知动静之理，行之而知死生之地，角之而知有余不足之处"。在武术技击过程中，武术家们也把军事行动中的"候之""行之""角之"等方法在技击对抗中发挥得淋漓尽致。

3. 先发制人

在兵家看来，抢占先机是战争取胜的重要战略，在实战中做到先发制人，虽然不是唯一可行的方法，但却是良好的技击对抗思路，已经被广泛用于武术技击中。

4. 掩饰内心

在战争中，军事家们往往会严守战争情报和军事行动中的"形"与"谋"，在战术执行过程中，要学会利用"假象"来掩盖自己的真实意图，迷惑对手，骗取对方，从而取得战争的优势。在武术家们看来，通过对兵家思想的理解，来不断造就一些"呆若木鸡，面如死灰"的表情，可以掩盖习武者的"形"与"谋"，给对手造成困惑，将自己的真实意图隐藏在武术动作的表象当中，从而取得武术场上的主动权，为取得技击胜利埋下伏笔。

5. 扬长避短

在兵家思想中，扬长避短是最重要的战争谋略，通过扬长避短的战术,可以很好地避过敌人的长处,利用敌人的短处,并发挥自己的优势,变局部劣势为整体优势,做到扬长避短,从而取得战争的胜利。

中国武术借鉴扬长避短的思想,要求习武者尽可能地对自己的短处进行巧妙的掩饰,并尽可能发挥自己的长处,攻击对手的短处,从而在武术场上占得优势。

6. 有的放矢

在兵家实战中,所有的行动必须从全局出发,不能贪图小利,才能取得更大的战争优势,不以小胜而喜,不以小利而趋,不以小害而避,要对利害有全局的认识。

这种认识被运用在武术的技战术中,在他们看来,全力以赴去躲避一个没有太大杀伤力的拳脚攻击而从主动转入被动的武者是十分愚蠢的;大胆承受对方不足以对自身构成伤害的拳脚攻击并借机以重拳或重脚摧毁对手的武者是非常精明的。

(三)因敌制胜

1. 因敌作战

孙子说:"水因地而制流,兵因敌而制胜。"因敌,主要是以敌人为依据,因敌制胜主要是根据敌人制定战胜对手的战略与战术。中华武术也非常重视"因敌"战术,常常根据敌人的具体战术而调整自己的武术战术。

2. 避实击虚

在兵家思想中,常常会采用避实就虚的原则,对属于实的因素要尽可能避开,属于虚的因素要不失时机地进行攻击。兵家思想中的"敌实我避之,敌虚我击之"的方法被武术家们移植到武术当中,当对手以全部力气击打过来时,应该尽力避开,攻其薄弱的地方。

3. 声东击西

在古代战争中，经常会使用声东击西的战术，这样的战术也被用于武术当中。武术技击中，经常会采用"指上打下、声东击西、近而示之远、能而示之不能、欲左先右、拳骗腿击、假摔而真打"等武术技击方法，这些都是兵家思想在中国武术中的具体体现。

二、中华武术与道家思想

道家思想是我国传统文化中的代表思想，道家思想中的一些观念被武术家们吸纳为武术的观念，主要表现为以下几个方面：

（一）无为

无为，是一种明智而宽厚地对待他人他物的做事方式以及良好心态，无为的实质，就是不对他人他物进行干涉，一切都任他人他物保持自然状态。无为讲究顺应万物之本性，顺应天意，顺应民心，顺应命运，顺应时局，不敢乱为，不敢强为，尊重与信任万物，遵循其自然发展规律，抛却一切矫揉造作、自我傲慢、主观臆断等心态与行为。无为的核心主要是要遵照事物发展的客观规律办事，与无为相对立的就是那些不顺应万物之自然的矫揉造作与武断妄为。

世间万物，都有其自身发展的客观规律，遵循自然客观规律去处理事情，是最理想的方式，以无为的态度对待他人以及万物，尊重与信任他人，将会使他人获得最佳的做事效果，使自己获得最充分的精神自由。

随着人类社会的不断发展，人们对自然界的认识从茫然到敬畏、从敬畏到融合、从融合到自以为是不断变化，人类的自我意识越来越重，自我中心主义倾向越来越明显，从而使得不少人不把外界事物放在眼里，而且也不会把自己之外的他人放在眼里，自我主义严重泛滥，个人私欲极度膨胀。同时这样的思想也在武术人之间产生了影响,不少武术人之间也相互轻视和贬低,很多武术人之间失去了尊重和理解,失去了心灵宁静和安逸。道家的无为思想对武术人的价值观产生了深刻的影响,对自我中心主义和权力意识进行彻底清除,对他人他物的能力予以尊重与信任。无为讲究要顺其自然,在面对重大困难和问题时,一定要顺其自然与竭尽全力,不能自以为是和消极放弃。武术练习者,在训练与教育自己的弟子时,一定要关心他、爱护他,不能自以为是地强制他。无为思想在武术习练过程中,起着非常重要的作用。

(二)无待

无待,是道家思想中的重要内涵,是一种明智而宽厚的对待他人他物的良好心态,主要是指不依赖他人他物的任何帮助,不苛求他人的任何理解,不介意他人他物对我进行任何无理行为和伤害事故,心态平静地面对他人他物。在当下中国社会,人们对外在条件的期待与依赖越来越强,人们失望与烦恼的概率也越来越高,如何摆脱烦恼,提高做事效率,道家思想中的无待给了我们答案。只有达到无待的境界,才能不依赖任何外物,才能算得上是真正的自由,才能算是真正的自由和洒脱。通过自己的能力和努力去做自己力所能及的事情,使自己永远保持轻松愉快的精神自由。

无待的思想浸入武术领域,主要是要求所有的武术人不要对他人他物心存依赖,不要期待他人的帮助,哪怕是自己对他人他物付出了很多心血。武术人不能被外在的人或物所束缚,对他人他物的期待不能过度,否则可能会被牢牢控制。无待,不是拒绝所有外来帮助,也不是对所有回报都心灰意冷,而是不对任何期待产生依赖心理,不让自己存在施恩求报的渴求心理。不期待外来帮助,也不拒绝外来帮助,对所有外来帮助都心存感激。

(三)示弱

示弱是道家思想中的一种深刻内涵,讲究以弱胜强、以柔克刚。通过个人对自己行动方式的适当限制,使自己的身心处于被保护状态,从而使人生处于幸福状态。可以认为,示弱是在珍爱人生命的基础上,立足于个人的幸福,通过对个人生活方式的自我控制,使自己的心灵处于宁静状态,获得心理上的满足。

示弱主要表现在三个方面:低调,不张扬;谦虚,不争强;以德报怨。低调,不张扬,才不会招来大家的羡慕嫉妒恨;谦虚,不争强,才不会为自己树敌积怨;以德报怨,看似愚笨吃亏,实际上是大智若愚,为自己化解矛盾的同时,消除了自己的仇恨意识。

示弱表现在武术领域,主要是要适当隐藏自己的武术实力,但仍然要抓住时机,根据对手的实力进行主动进攻。在示弱中,既可以与友善交,也可与敌对抗,可防守反击,也可突然猛攻。示弱的策略是辩证的、全面的,武术中的示弱策略的思想是非常深刻的,武术中"大智若愚"的做人原则与"以柔克刚"的技击原理,是道家示弱思想的重要体现。

(四)修炼技术

道教讲究修炼,希望通过各种修炼技术,达到长生不老的"为道",其中,守一法、存思术、内视术、胎息术、内丹术、导引术等,是道教开发人超验潜能与养护人形体生命的重要技术,这些道教的炼养技术,对武术产生了或大或小的影响,一方面通过炼养技术被直接引入武术功法体系中成为重要的功法内容,另一方面被武术拳家改造成为武术训练的指导性理论。

三、中华武术与佛教思想

在佛教中,有很多做人的思想观念,被武术家吸收成为武术人的道德观念,佛教中的一些禅定方法,将武术吸纳成为重要的内功功法,以指导武术的发展,具体表现如下:

（一）无执念

无执念，是一种明智且超脱对待自己所做事情的心态，指的是在做事的时候，不要有任何执着，废除人们心中存在的非要做某种事情、非要以某种方式做事情的执着意识。执着的心态，容易使人产生沉重的思想包袱，给自己带来不必要的烦恼。无执念，可以使人摆脱烦恼。

在武术领域内，武术人的执着常常也会给武术人带来一些影响，只有拥有无执念的心态，才能接受武术习练过程中的停滞，接受武术技击过程中的胜败得失，接受套路演练中的任何回应，接受事情发展的所有方式和状态，获得充分的精神自由。

佛教讲究随缘，要想做到随缘，必须承认万物之间缘分的存在，尊重万物之间的缘分，武者要想成为举世瞩目的武术家，必须认真学习，刻苦练功，是否能够成为举世瞩目的武术家，则不是由自己决定的。想去参加武术比赛，并获得比赛的胜利，不是完全由自己来决定的，应该保持随缘的态度，保持乐观的精神，努力追求自己的武术理想和目标，交自己想交的武术朋友，做自己想做又能做的武术事情，接受已经出现的现实，不去计较将要出现的现实，是一种非常明智的做法。

（二）无痕

无痕理念，主要是一种洒脱地对待自己所做过事情的心态。无痕是对"雁过无痕"一词的简称，主要指的是人们在做事情的时候，一定不要考虑你在这件事情中的得失、胜败和荣辱，更不要因为已经发生过的事情的得失、成败和荣辱而欢喜烦恼，应该像大雁飞过天空一样不留任何东西。对做过的事情进行一些简要而深入的总结，常常是非常有意义的，但没有必要对这件事情中的得失成败心存情感上的在意，因为过去的事情已经无法改变。真正聪明的人，可以心中无痕地对待过去发生过的一切事情，处理与控制好自己的情绪。

对于武术人来说,练习武术的目的,是不断增强自己的实力,从而让自己变得快乐。在现实生活中,不少武术人过分关注胜败、过分关注套路演练的成效以及观众对自己的评价,对自己在武术界的声誉过多关注,从而让自己无法快乐起来,从而产生一定的思想包袱。无痕的思想理念,可以根治武术人心中的不良观念,调控武术人的心理状态,促进武术人身心的健康发展,提高武术人的抗挫折和抗失败的能力。

(三)不动心

不动心,是佛教中的一个重要观念,主要指的是人在遭遇任何性质、任何形式的外在刺激时,都能够不为所动,保持平静。不动心,主要是指人们在遭遇"利、衰、苦、乐、称、讥、毁、誉"的外在刺激时,即遭遇生活中的成功顺利、坎坷失败、人生痛苦、人生快乐等和他人的当面赞美、当面讥笑、背后诽谤、背后赞美等外在刺激时,不以物喜,不以己悲,保持内心的平静。

武术人在技击实践与套路表演时,要保持不动心的自控手段,保持心态平静,让自己少一些烦恼,将自己的能力发挥到极致,从而使武术动作产生最理想的效果。一个真正的武术人,是不会计较自己境遇的,不会计较自己的胜败、名利和得失,保持自己的内心宁静,这是武术人练好武术的重要前提。

(四)佛教对武术的训练指导

佛教对武术的根本影响主要是对武术训练的指导,武术训练可以说是一种佛教修行的方式,包容了武术所具有的一切价值。佛教中的禅定方法,可以作为武术内功的训练方法,可以使武术家们更好地造福社会。佛教中的很多禅定方法可以提高武术运动能力,提高习武者的身心素质,为武术训练打下坚实基础,当佛教徒练习武术时,会把佛教禅定方法改造为武术内功,使其成为武术训练体系的重要组成部分。佛教修习现象的出现,对武术实践产生了重要影响,提升了武术训练的价值,并对其功效进行肯定。

四、中国传统文化在中华武术中的具体体现

(一)刚健有为,自强不息

中华民族是屹立于世界民族之林的优秀民族,其刚健有为、自强不息的民族精神促进了民族的兴旺发达,带领人们克服无数艰难,使中华文明源远流长。

自强不息,是人在对待事业和人生时的一种锲而不舍的奋斗精神,表现了人们在事业追求过程中孜孜不倦的"穷尽所能"的勇气和努力。人们在生活中,总会遇到这样或那样的问题,必须具有自强不息的精神,不断学习不同的知识和技能,发挥自己的主观能动性,提升自己的能力,从而从容应对人生中的每一个挫折和困难。

对于习武者来说。"自强不息"是武术思想的重要组成部分,是习武者价值观的重要体现,通过武术训练可以磨炼习武者的意志、提高习武者的武术技艺、培养习武者的胆量等综合素质。自强不息就是努力向上、绝不停止的意思,以此将天所表现的刚健的气势和特征,用于启发教育人要崇尚这种"自强不息"的精神。在长期的中国古代文明史的发展中,正是这种精神鼓舞和培养了中华民族在抗击外来侵略、战胜自然灾害时,从不向困难屈服的勇往直前的人生观,表现为对外来侵略者决不屈服,对恶势力决不妥协,坚持抗争,不畏生死,直至胜利的决心。表现在事业和做"学问"方面,时刻要树立"锲而不舍"和顽强的意志品质,以及持之以恒、不达目的不罢休的坚强毅力。在个人生活中,强调人格的独立和尊严,并且要有淳厚的德行,执着奋斗的精神内涵,形成中华民族主要的道德精神内容。中国武术的"武巷"思想,是在这一民族精神的影响下逐渐形成的,并使习武者养成了优秀的思想品质和注重道德修养及对事业执着追求、不断进取的良好习武行为习惯。

(二)锲而不舍的精神

《论语》中的"博学笃志"是指人应有渊博的知识,锲而不舍地使自己学有专长,在学问方面应立大志有大成,才能报效社会,这才是人生价值的重要体现。孔子从做学问方面来提倡立志,实际上也是对人生事业的一种激励和要求。荀子提倡锲而不舍的精神时说:"不积跬步,无以至千里;不积小流,无以成江海。骐骥一跃,不能十步;驽马十驾,功在不舍。锲而舍之,朽木不折;锲而不舍,金石可镂。"做学问,学本领不从半步走起,就无法至千里之外;不下定决心,就不会有光明的前途,不肯做默默无闻的事,就无法取得显赫的成就;荀子以"锲而不舍"的道理育人,在对待学问和事业上,必须要有锲而不舍的韧劲;要相信自己能够战胜生活中的困难,取得事业和学业上成就的关键,首先是要战胜自我,树立信心。

中国武术在长期的发展中,形成了系统的练身、练技、练气等功法。武术各种拳种都是在实践的基础上对其丰富的技术体系进行极为完整的整理,形成了一整套全面和科学的系统练功方法和"内外兼修""德艺互补"、形神兼备等思想内容。在练功育人等方面也都形成了极为周密的师传体系。由于武术技术结构复杂,功夫拳理深奥,内容繁多,故需要习武者先克服种种困难,以及心理上的磨难和身体上的痛苦,树立顽强的意志品质,持之以恒,才能不断取得功夫和思想品质上的长进。武术界在对习武者的教育过程中形成了丰富的实践经验和理论。武术谚语说"冬练三九、夏练三伏"。练武要能经受寒暑的考验,以磨炼其意志。习武者,首先要能够在艰苦的环境中、在痛苦的练功中专心致志,全身心地投入到功法练习中。武术的各种拳种流派都要求习武者能够抛弃杂念,要将所思、所学充分凝聚于一点,专心致志,方能有所成就。"三天打渔,两天晒网""朝三暮四,四面出击"都将导致一知半解,学无收获。习武是个长期艰难的过程,人们正是在这种考验中经受磨炼,即"岁寒,然后知松柏之后凋也"。人的行为受思想理念的支配,在行动中如果没有"锲而不舍"的精神、坚忍不拔的毅力和孜孜不倦的努力,事业成功就无从谈起。因此,习武者必须要循序渐进,要有"韧劲"才能取得成功。发展到今天,武术家们都把对习武者的意志培养看作教育的关键问题和品德培养的最重要内容。锲而不舍的精神,是习武者成功的关键。

(三)勇敢无畏的胆量

武术是以技击为主体的技能搏击之术。习武者非常重视"胆力"的培养。戚继光《拳经》中提出"对敌者无胆向先,空白眼明手便",并以此启发后学。他在《拳经捷要篇》中提出了训练胆力的方法和胆力在实践中的重要作用,"既得艺,必试敌,切不可胜负为愧为奇,当思何以胜之,何以败之,勉而久试。怯敌还是艺浅,善战必定艺精"。

武术家们提出了通过多练实战以提高武术对抗能力,在实战中来突出胆力的培养和提高。所以,"艺高人胆大",不仅是对武术技艺和胆力关系的明确,重要的是把胆力和勇气看作习武者德行的重要品质,这不仅对习武者人生事业的技艺的成功非常重要,也涉及任何行为活动中有能力才能有"自信心",也才能成功的勇气和胆力。相反,有了战胜困难的胆力和勇气,才能更好地保证人的技能的发挥,有"艺"才能"心熟","心熟"才能有信心,信心和胆力是自强的两大精神支柱。

明代程宗猷著《少林棍法阐宗》中明确指出了练艺与胆力的关系:"人当临敌之时,每每失其故步,何也? 余曰:艺高人胆大,苟平日识见未广、功夫未纯,若一遇敌,则心志乱、手足忙,不能自主矣。故弓马熟娴,良有心也。"在遇敌时,原已学过的招法步法都不知去处,使用不上,其原因为"功夫未纯",因而出现心悸混乱、神态失常,说明了练功与艺精、艺精与实践、实践与培养勇敢和培养胆力的关系。唐豪所著《少林拳法秘诀考证》引程宗猷《耕余剩技》所记述的练胆法讲:"手中整则胆练,而欲骋于敌。意气清则心练,而知忠于上,心练则智出,心胆俱练则兵与时俱无不合。而练心胆,则又在练器艺为要耳。"从而详细说明胆大必定艺高、艺高可壮胆的道理,反映出胆量、意志和武艺三者并重的武术思想。在明代兵书《陈纪》中对官兵的"胆气"提出了很多要求。

胆气主要指的就是勇气,勇气对于武术对抗来说,显得非常重要,可以提高习武者的技击能力,培养其武勇精神,武术本身就是训练胆气的一种重要方式,通过武术培养其"威而不屈,不畏艰难"的精神品质。

(四)浩然正气

"浩然之气"是孟子提出来的,主要是指一种无所愧怍、无所畏惧的良好精神状态。孟子认为"浩然之气"是有力量的,是集义所生发出来足以使人威武不屈的一股"正气",即豪爽、英武之气,是在社会生活中经常要遵守的道德原则所养成的行为和气质。内心保持高尚的道德情操和道德情感,经过长期积累、培养,方能产生"浩然之气"。

孟子指出,时时刻刻都要把内心的道德追求放在心上,不能忘记,但又不能违背其发展规律去拔苗助长、急于求成,它是要经过长期的磨炼才能养成的一种道德精神和道德行为习惯。孟子的这种类于"浩然之气"的观点,蕴含着对人的道德情操和精神、意志情趣等综合因素的培养,体现在人的具体的、长期的精神和行为培养之中。不是单指个人的、短暂的精神气质,而是指"集义所生""配义与道"的一种长期培养才能形成的道德精神。这种思想观念的形成对中华民族的民族精神形成和完善,特别是对中国武术道德行为观念的形成有着巨大的影响。

武术界历来有尊崇民族英雄和品德高尚的侠武之人的习惯。岳飞是其中的代表人物之一,是体现"浩然正气"于一身的鲜活榜样。岳飞精忠报国,至正至刚,其浩然之气长存于天地之间,受到人们的尊崇和爱戴。

太极拳是武术拳种流派中体系完善、拳系丰满的拳种,太极拳既是健身养生的重要手段,更是修德培义的重要方法。如"以心中浩然之气,运于全体,虽有时形体斜倚,而斜倚之中,自有中正之气宰之"。以"心静身正"来解释"浩然之正气"存在全身,运用太极拳来教育和培养人一种端正和正直的人格精神,以说明太极拳法中注意内在的"中正之气运身",从而达到"心静身正",以及修德培义的目的,把拳法与练气、修德紧密地结合起来。人们通过练习太极拳,既可以感受到太极拳理论的精妙,更可以体会到武术深刻的哲学思想和道德内涵,太极拳是主张"内练"的拳术。它运用太极阴阳的变化之道,以虚实、刚柔、轻重、徐缓等变化达到"沉稳""清静"的效果,而要达到"妙趣横生"和"宽厚生然"的境界,则应更注意增强"涵养",即对"浩然之气"的培养。所以要"以灵虚之心,养刚中之气",以"浩然之气行之,无往不易"。

"浩然之气"是指通过人的行为活动来体现高尚的精神、情趣,它是中国传统民族精神的一种体现。这种"气"是综合中国武术的技法实践,融合传统文化思想,即道德、礼义思想,来实现"德教"的目标。它体现了中华民族整体的民族精神和审美情趣,保障人"精神美"和"形体美"的全面协调发展。

(五)家国情怀

中国民族经历了几千年的历史变迁,具有悠久的历史和优秀的文化,凝聚了无数仁人志士前赴后继、英勇奋斗,中国人民勤劳勇敢、酷爱和平、英勇顽强抵抗外来侵略的精神,是中华民族的宝贵精神财富,激励中国人民不断努力奋斗,形成了爱国爱家的家国情怀。

习武的主要目的是"技击"自卫,以"技击"制敌。社会上出现了扶危救难、惩治恶者、打抱不平的"绿林好汉"和"武侠英雄"。崇尚武术体现非常鲜明的是非观和道德观,这种"济世救人"的思想,造就了历史上许多正义、勇敢,并为后人所推崇和敬仰的仁人志士,这些人成为习武者学习的榜样。

对祖国山河的无限热爱,是中华民族的优良传统,中华民族对外寇入侵疾恶如仇、誓死抵抗。在国家面临生死存亡的关头,这种光荣传统在古代和近代的中国人民反压迫、反强权、反侵略的斗争中起到的巨大鼓舞作用,造就了一大批民族英雄。武术人大多拥有强烈的爱国意识和爱家情怀,强烈的家国情怀促进了武术在中国的不断发展和进步。

第二节　武术文化的基本形态

一、武术文化概述

武术文化是中国文化的基本形态之一,武术文化是中国传统文化的重要组成部分,反映了中国文化的基本精神,武术文化中包含刚健有为的进取精神,体现民情的民俗精神,"天人合一"的自然精神,武术文化具有以下特点。

（一）动作稳健而准确

武术套路动作是有机联系在一起的,动静结合,并不断交替出现,一招一式都要规范,无论是哪一个武术动作,都要符合标准。武术的基本姿势要求头正、颈直、收颌、沉肩、挺胸、塌腰、敛臀,上肢动作要挺拔伸展,下肢动作要轮廓清楚。武术动作一定要稳健,例如,武术运动员在腾空过程中用了一个旋风脚,落地后立刻变成了一个马步架打,纹丝不动。武术动作常常讲究刚健有力,通过撑、拔、张、展、勾、扣、翘、绷等要求使身体各部位表现出相应的姿态,犹如书法家的字齐正有力,有入木三分之感。

（二）方法清晰且完整

武术的动作讲究方法和完整性,武术的方法要交代清楚,动作内涵要明晰,如手法中的推、叉、托、按、切、砍、劈、盖等掌法,同时也有冲、劈、弹、挑等掌法,每一个动作都有具体的方法要求,在演练过程中,方法一定要清晰到位,无论是手法、腿法、步法,还是身法,都要做到规范完整。只有动作准确完整,才能在技能的基础上体会到武术的神韵。

(三)节奏鲜明多变

武术动作不仅具有动与静的变化,同时还有轻与重、快与慢、起与伏、长与短的变化,武术中的动作大致可以分为高、中、低三种,叫"上盘""中盘""下盘","三盘"动作错落,跌宕起伏,高的动作要挺拔,有顶天立地的气概,低的动作要低得下去,有鱼翔浅底的本领,中盘的动作要稳如磐石,这种高低的变化体现了人们的健身效果,并且在高低上相互衬托和呼应。同时,快与慢也体现着一定的节奏变化,像乐曲一样,时而激昂奔腾,时而云卷云舒。武术的这种节奏变化,充分地展现了武术的文化内涵。

(四)精神充实饱满

习武者在练习武术的过程中,往往是精神充实而饱满的,在练习过程中,精神高度集中,饱满且毫无倦意,往往把自己置身于一个战斗的场合,有一种坚韧不拔的斗志和一往无前的精神。在习武过程中,眼睛一定要全神贯注、神采奕奕,练武者的动作一定要一气呵成,使人产生回味隽永的感觉。要做到"心与意合""意与气合""气与力合",做到精神意志的饱满。

二、武术文化形态的具体体现

武术文化形态主要通过武术本质、武术形式、武术功能、武德来具体体现。

(一)武术本质

武术的本质是攻防技击,攻防技击是武术的内核,也是武术文化形态有别于其他文化形态的根本所在。在武术发展过程中,武术的攻防技击属性促进了武术的全面发展,使武术的多方面功能得到体现。

武术的"攻防技击"是以双方格斗为前提的,双方可以使用完全相同的手段和技术,既可以防守,也可以进攻,或防守中实施进攻,或进攻中兼顾防守,循环往复。武术进攻者可以根据武术防守者的姿势调整进攻姿势,可以是直线或曲线出击,也可以是左侧或右侧攻打,还可以使用拳法或腿法攻击,对于防守者来说,同样也要进行多种手段的防守。武术的进攻和防守是相互对应的,进攻可以促进防守,防守同样可以促进进攻,两者相互促进和完善。

在武术的技击内容里,包含了很多传统文化的思想和观点,如哲学和辩证法里的太极说、两仪说、三才说、四象说、五行说、八卦说、阴阳说、中医经络说、天人合一说。如果武术动作失去了攻防技击,也就不能再称其为武术。武术的技击美体现在动作的完整性上,整套动作要符合自然界生命形态自由活动的规律。自古以来,武术拳家们对于武术技击动作不断进行精心构思、反复推敲,即武术的攻守、进退、高低起伏、虚实开合的变化及在空间布局上都要符合技击的规律。这种结构上攻守兼备的完美布局、各种动作连接既符合力学原理又有很强逻辑性的编排,充分体现了武术套路动作的完美的结构特征。

(二)武术形式

1.武术流派

所谓武术流派,是指由于不同的技术特点和风格而形成的武术派别。武术可以分为"长拳"和"短打""内家"和"外家""南派"和"北派""黄河流域派"和"长江流域派""少林派"和"武当派"等;同时,武术流派也可以分为竞技武术、学校武术、健身武术、实用武术等。

2.武术器械

中华武术博大精深,拥有上千种武术器械,其中,按照器械性能可以分为四类,包括长器械、短器械、软器械和双器械。长器械包括大刀、枪、棍、戟、铲、(镋);短器械包括刀、锏、匕首、鞭、钩、剑;软器械包括鞭、三节棍、梢子棍、流星锤、绳标;双器械包括双刀、双剑、双钩、双鞭、双头枪以及单刀加鞭。

3. 武术运动形式

武术按照运动形式,可以分为套路运动、格斗运动和功法运动三大类,套路运动又可以分为单练、对练和集体演练等;格斗运动分为散打、推手和短兵等;功法运动分为柔功、硬功、内功、外功、轻功、眼功和耳功等。

(三)武术功能

1. 武术的技击防卫功能

武术的技击防卫功能是武术的最初功能,也是武术的本质功能。由于受到武德的制约,武术的技击防卫功能在一定程度上受到了限制,习武者在进行对打时,不会出现过度打击的情况。

2. 武术的健身养生功能

武术具有很好的健身养生功能,千百年来,受到人们的欢迎,我们常常可以在公园中、广场内看到习武者的身影。武术的健身养生功能促进了武术的快速发展,同时也促进了其国际化传播和发展。

3. 竞技比赛功能

随着武术的不断发展,武术逐渐拥有了竞技功能。目前,世界上有一些影响力比较大的竞技武术比赛,包括世界武术锦标赛、世界传统武术锦标赛、武当国际演武大会等赛事,极大地促进了武术文化的发展,推动了武术的进步和提高。

4. 表演娱乐功能

武术具有一定的表演娱乐功能,我们常常可以在电视或网络上看到武术的表演,在一些影视剧中,也常常能看到武术的影子,其中一些代表性电影,如《少林寺》,很好地起到了宣传武术的作用,让世界上其他国家的人认识了武术,促进了武术的传播和发展。

5. 经济功能

随着武术的不断发展以及我国市场经济的不断完善,武术也逐渐走上了市场化和产业化的道路,武术的经济功能逐渐体现出来。目前,在我国市场上有很多商业性武术赛事,并取得了很大的市场影响力,如"昆仑决""武林风""世界超级散打王争霸赛"等,这些商业性赛事,在市场中都取得了较好的经济效益,体现了武术的经济功能,促进武术更加快速地发展。

(四)武德

武德是武术文化的核心,是武术传承和发展的根本动力。武德主要体现在以下几个方面:

1. 自强不息

自强不息是中华民族优秀的传统美德,同样也是武德的一个重要内容,自强不息主要是通过自己不懈奋斗,为自己的生命增光添彩,我们应该把握好自己的生命,不断更新和前进,不断增强自己的实力,让自己的生命绽放出更美的光芒。

2. 厚德载物

厚德载物是指人们通过自己厚实的道德来包容他人,承载万物。一个人如果拥有了深厚的道德,就能包容他人的一切缺点和不足,赢得他人的尊敬和喜爱。对于习武者来说,通过养成深厚的道德来不断提高自身修养,才能更进一步地领悟到武术的真谛。

3. 平和心态

平和心态,指的是当自己处在纷争复杂的环境中时,始终保持一种平和的心态,在遭遇一些不公待遇时,可以理性面对,不会被外界的干扰和刺激所迷惑,从而可以更好地处理一些复杂事情。对于习武者来说,平和的心态非常关键,平和的心态有助于习武者在遇到困难和挫折时,可以理性面对,进一步提高自己的武术水平。

4. 超凡脱俗

习武者在练习武术的过程中,要养成超凡脱俗的心态,在对待他人他物的时候,要妥善处理好自己的心态,不对他人他物有过多的期待,学会平静地接受他人他物。

第三节 武术的文化内涵解析

中国武术之所以会受到全世界的喜爱和欢迎,主要是因为其拥有非常深厚的文化内涵,其文化内涵主要通过以下几个方面来体现。

一、形神兼顾

"内外兼修、德艺统一"是武术文化的内涵之一,"内外兼修"是中国武术所有拳种的宗旨,讲究"精、气、神",讲究"外练筋骨皮,内练一口气",讲究"神形兼备"。无论哪种拳术套路,都强调内在的意(意念)和气(呼吸)与表现在外的动作相统一,使手眼相随,步法与身法相应,身体上下协调,而且节奏鲜明,动则如龙腾虎跃,静则如山岳耸峙,整套动作起伏跌宕,出神入化。

　　"神"指的是习武者的思维活动过程和武术意识。武术讲究"精、气、神",即讲究武术运动中人的精神、心志、意向等内在的活动。通常也可以认为是武术所表达的内在性物质和理念性的文化。"形"指的是在"神"的基础上合理地、完整地、充分地表现出高难度的技术。"形"包括武术动作的姿势、方法、劲力和节奏,即武术运动中人的整体部位的形态和形象,它可以是一个完整动作的静止状态,也可以是动作过程中的整体运动形态,同时还包括腾空瞬间的造型,动作与动作的组合形态和整套动作的结构形态。

　　武术讲究"行随心动,心与意合",所有的动作皆要发自内心,表现内心,即为有"神"。"神"是武术的内蕴和灵魂。习武者具有自身的精神世界,如高尚的情操、美好的道德、完美的个性、审美的人生态度、强烈的攻防意识,这些需要向外界传达,离开了"神",就失去了中华武术特有的韵味,缺乏"神"的动作,我们只能称之为"机械动作"。

　　在武术动作中,神随形转,形随意动,通过动作姿势的表现反映出武术的规格意识、劲力意识、攻守意识,通过手、眼、身法、步的协调配合,反映出武术的技击、意向、运动节奏、劲气势态和风骨神韵。例如,太极拳看似轻灵柔和,缓慢平滑,却连绵不断、虚实分明,练起来有如长江大海滔滔不绝,可以达到四两拨千斤,以柔克刚的效果,给人一种形断而神不断,无极无限的美感。如果一个演练者在练习长拳套路时,心神分离,双目缥缈,形先到而神未至,形神离散,武术将失去内在美与外在美的和谐统一,失去艺术感染力。所以,要用完善的技术将内在的"神"与外在的"形"融为一体,既有耐人寻味的外表美,又有内涵深厚的内在美,使内外兼修的形神统一贯穿在整个武术运动过程中,这是武术文化内涵的重要体现。

二、整体和谐

　　武术动作的攻防、进退、动静、刚柔、虚实,都融入了整体和谐规律。在武术中，无论是阴阳五行，还是太极八卦，都强调阳刚与阴柔的整体和谐，外家拳术的刚，内家功夫的柔，都要追求"阴阳调和"的整体和谐，都讲究一种系统的互补协调，既对称又均衡，既和谐又有对比，既有层次又有节奏，动静疾徐，变化万端。

武术讲究形式美的多样化的统一，通过整体的和谐来表现美。武术运动员的形体美，既要展示手、眼、身法、步，也要体现精、气、神、力、功，讲求内外相合、整体和谐。除此之外，武术还追求人与自然的和谐统一，保持大自然一种良性的生态平衡，这是武术所推崇的"天人合一"的思想观念，它注重把人放到自然中去，把人的运动同周围环境密切联系起来。武术的整体和谐是武术文化的重要部分，是其区别于其他西方体育项目的重要特点。

三、独特造型

武术的造型可以分为动态和静态的造型。运动中的各种手法、眼神、步法、精神、气力、功力的变化与统一都属于动态的造型。在运动过程中通过人体点、线、面的转变与劲力、节奏、精神等的表现组合向人们呈现动态的画面，给人以美的享受。例如，长拳中的"腾空摆莲"，人在突然腾空而起后，滞留于空中，完成"外摆莲"后，悄然落地，整个动作一气呵成而又飘逸潇洒，表现出极为自然和谐的动态造型美，即动态美。

静态的造型，即定式造型，如"仆步亮掌""燕式平衡"等往往是动态造型的"起式"或"完成式"。这些动作在规格上都有严格的要求，演练时时刻强调周身的"内外三合""头正顶平""含胸拔背""沉肩坠肘""收腰敛臀""虚领顶劲""手脚同步"等。武术的"静势"之美，不仅体现在肢体的协调、流畅上，还讲求"劲"的顺达和"神"的传达，如此便会给人以"静中寓动，蓄势待发"的英气勃发、强不可侵、胜不可欺的人格之美，而非简单意义上的雕塑美，以及人们通常所误会的空架子。

四、节奏之美

古言道:"韵者,美之极。"古代美学家把"韵"这一特殊术语概括为"超然于世俗之外的节操、气概,从而表现出神态、风度"。节奏是物体运动过程中有规律的反复。中华武术具有和谐、整齐的节奏之美。武术运动讲究节奏,合理的节奏标志着武术动作在力量、时间、空间上的分配得当,保障了每一个具有攻防含义的招式协调、顺畅、到位和实效。在力量的运用上讲究节奏,例如,我们常说的"刚柔相济""刚中带柔""柔中带刚""以柔克刚""以刚制柔"等都在强调武术的刚柔节奏。武术的节奏是在一定的时间内完成的,必须有时间作为保证。武术的每一个动作都是一幅画面,动作在定型时具有明显的空间造型,这种空间特性对武术的节奏表现产生了很大的影响。而武术动作在定型时我们也可以看作一幅表现演练者动作意图的画面,演练者借助眼神、动作造型、重心倾向等内容表现其内心活动、攻防意识以及对节奏的细节处理。

武术拳家将武术中的节奏形象地描绘为"动如涛、静如岳、起如猿、落如雀、立如鸡、站如松、转如轮、折如弓、轻如叶、重如铁",并始终讲求"动迅静定、干净脆快",而且动中有静、静中蕴动、快慢有别。例如,武术长拳套路中的"翻转跳跃""闪转腾挪""起伏转折"等动作的组合,分别在上与下、前与后、左与右等多层面上展现出动与静、快与慢、刚与柔的节奏特点。正是在这种连续的变化中,表演者的攻守意识、战术运用及内心情感才得以充分表达,从而令武术习练者沉醉于"忘我"的境界,使观赏者不自觉地达到"忘情"的境界。

五、意境之美

习武者在演练过程中,需要将自己融入一定的意境当中,武术所追求的"意境"之美主要表现为主观和客观方面在审美过程中的统一,对客观对象来说是"形"与"神"的统一,对审美主体而言是"情"与"理"的统一。

"意境"的表现凝聚着节奏以及和谐的统一,从而使武术的艺术本质及价值不仅仅体现在技术上的熟练,而且体现在武术演练者的身心不断处于新的体验之中。意境美在武术演练中表现为实用性与艺术性的高度统一。武术之美又重于"写意",对内在感情的内蓄、抒发,对自我修养的曲折表现,充满着东方古典文化的神奇魅力。演练者的动作并不是以写实的方式再现客观对象,而是抒写自己的主观感情,挥发意兴。例如,八卦掌基本技法中的"十要",第一要就是"要有意",意是心志活动的具体化;查拳十字诀的"绵而不断意相随""巧中生智灵活用"都有心志活动所涵盖的意与智;形意拳的"内三合"首先是"心与意合";通臂拳也以"心法慧勇"为首务;太极拳则"以心行气""用意不用力",讲究"缓以会意"等。

六、真善之本

"真"是中华武术的重要文化内涵。例如,猴拳就必须具有猴子的各种形态,必须要有猴相:缩颈、弯肘、垂腕、屈膝等,否则就不能达到步轻、身活、脆快有力、刚柔相济、机警敏捷的境界。武术中的"真"在一定程度上体现着人们追求武术动作的本真。武术文化中的"善"是指,武术在长期的发展过程中,主要是以锄强扶弱、行侠仗义、见义勇为等精神作为自身发展的重要力量源泉,是"善"文化的重要代表,为武术的可持续发展奠定了坚实的基础。

中华武术在长期发展的历程中,逐步形成了形神兼顾、整体和谐、攻防技击、节奏和谐、求意境、求真、求善、崇德的文化内涵,成为了独具风格的民族特色,并且具有东方美学特征的文化,屹立于世界文化之林,散发着古老而神秘的东方气息。

第四节　对传统武术文化与现代武术文化的再认识

一、传统武术文化的再认识

中国的传统武术是中国传统文化的一个重要缩影,传统武术文化是在中国传统文化的熏陶和培育下发展起来的一种独特文化。传统武术文化在不断的发展过程中,表现出一些文化特征,同时也面临着一些问题。

(一)传统武术文化的特征

传统武术是在我国漫长的农耕文明中发展起来的,主要是以套路、散手以及功法练习为活动内容,通过家传或者师徒传承的方式来提高人的技击能力,具有较强的区域性,包含着地方人文特色,是民族文化传承的载体。具体来说,主要包括以下几个方面的特征:

(1)农耕文明背景下生长起来的。

(2)以套路、散手和功法练习为主要内容。

(3)体现了中华民族传统文化的主体精神。

(4)中华民族特有的一种身体运动。

(5)以民间传承和演练为主。

(6)具有很强的地域特色。

(7)技击是传统武术的最主要特征。

(8)具有非常悠久的历史。

(二)传统武术文化的挑战

传统武术文化在现实社会中仍然很盛行,例如我们可以看到介绍某些武术大师的功力时,往往会认为传统武术高深莫测,一些传统武功不仅可以飞檐走壁、隔空打人,而且可以刀枪不入、杀人于无形,一些武术电影中的特技更是将武术神秘化。传统武术的故弄玄虚和夸大其词,为传统武术的发展带来了危机。若传统武术不走科学发展之路,那么其只能停留在社会底层,散落于民间。传统武术文化的发展在现代快速发展的科学社会中面临着非常大的挑战。

(三)传统武术文化的变更

传统武术文化在现代社会和西方体育文化的冲击下,逐渐被边缘化,面临着自生自灭和奄奄一息的命运,面临着及时变更。传统武术文化要想获得发展,必须走现代化和国际化的发展之路。现代化不等于西方化,在变更过程中,一定要留下武术的精华,留下最民族和最传统的东西。现在,我国正处于全球化的时代,传统武术文化必须接受自己内部的挑战,接受外部环境的挑战,认清自己并发展自己,走出属于自己的可持续发展之路。

二、现代武术文化的再认识

(一)现代武术生存空间的挤压

随着我国社会的不断发展,一些西方体育项目已经牢牢地占据了我国居民的生活,而武术却没有受到人们的欢迎和重视。打开电视和手机,随处可见西方体育项目的影子,武术的生存空间逐渐被挤压。西方体育项目大多数是简洁明快的,而且花样很多。武术项目的技击学习需要长时间的积累,需要花费很多的时间,生存空间受到严重的挤压。

(二)现代武术文化的发展

1. 保持民族传统特色,不断进行创新

竞技武术套路属于技能主导类难美性表演评分项目,它采用健美操中的切块评分的方法决定运动员的名次,它分为演练水平、动作质量和难度创新三个部分。要想在当今武台"白热化"的竞争中,在从 20 世纪 50 年代就强调的"高、难、美、新"中有所突破,必须在狠抓基础,保证动作质量准确、完美的同时传承奥运会的"更高、更快、更强"的精神,不断突破技术创新,创新是灵魂,没有创新,就没有发展,吸取优秀传统武术特点,增加现有套路中的创意,动作组合的新颖性、独创性。在演练水平中达到风格突出、沉稳大气、形神兼备,动作过程细腻、精确,达到一气呵成。除此之外,还要求运动员积极借鉴传统特色,充分彰显竞技武术套路的特色,对竞技武术套路的发展产生更大的推动力。

2. 加大武术理论的研究力度

所有技能要想发展都一定要以特定的武术理论作为支撑,技能没有理论支撑则会变成无本之木。分析跆拳道的发展历程可以得出,其逐步形成了独立的技击内涵,在技击中融入了跆拳道的礼仪和规矩,使参与者在锻炼过程中掌握各项礼仪,借助具体内涵来对广大爱好者产生吸引力。

武术发展至今,理论同样应当反映在其中,拥有一整套系统性理论是尤为关键的,只有教练员充分掌握了特定的理论知识,方可在训练过程中达到内容有依据的要求,从而正确指导技能、丰富理论,彰显武术独特的内涵,借助理论来科学指导实践,从而使训练过程中存在的问题得到妥善解决。对于竞技武术的对外宣传过程来说,不只是一种锻炼身体的技能传播,还是对民族特色文化的推广。

很多人指出武术是我国的国宝,还指出武术具备极为深厚的文化内涵,武术文化的内涵反映在特定理论讲解中以及武术表演中。在表演比赛中,应当适度增加讲解技法、讲解表演项目特征的内容。在教学过程中对每一招每一式的用法、作用讲明白,让武术学习者理解所学技能所包含的技法及用法,在学习中体会武术中包含的"天人合一"、强调"自然"、注重"和谐"、追求"统一"的东方体育特色,如此才能充分调动学习者学习的主动性,对更多武术爱好者产生吸引力,促使武术爱好者全面掌握武术的本质内涵,对武术文化形成更加深刻的认识。因此,应该加大对竞技武术理论的研究。

3. 促进武术的产业化发展

产业化为武术的持续发展提供了稳固的物质基础以及切实有效的物质保障。综合分析世界各国特色项目被纳入奥运会的过程可以发现,产业化道路是必由之路,韩国跆拳道和日本空手道都是在产业化过程中慢慢发展起来的。

加快竞技武术套路的产业化进程对竞技武术实现科学化、规范化、全球化等都有显著的积极作用,为中华武术进军奥运会、走向世界打下了相对稳固的基础。竞技武术产业化的发展已经经历了数十年的发展历程,这些年经历了从无到有、从计划到市场、从国内到国际的发展过程,同时获得了较好的发展成效。为了加快竞技武术产业化进程,国家武术运动管理中心从20世纪90年代起,借鉴篮球、足球等项目的市场化经验,在职业化、市场化改革方面取得了一定的成果,为武术在市场经济新形式的发展中指明了道路。在总结改革体育产业化经验的基础上,国家武术运动管理中心大胆改革,以散打为突破口,简化了竞赛的规则,提高了比赛的观赏性,吸引了越来越多的人参与。产业化发展是竞技武术发展的必由之路。

4. 举办武术赛事,加大传播力度

武术必须要经过传播这个环节,传播能够为武术注入强大的生命力。就传播来说,跆拳道可以充当竞技武术套路传播的榜样,跆拳道运动是从20世纪60年代初期着手制定世界推广计划,仅用几十年就成功推广到世界各个地区。分析跆拳道、空手道、柔道进军奥运会的过程可以发现,传播发挥了极为重要的作用。对于任何一种体育赛事来说,奥运会都是传播效果最为显著

的传播方式,竞技武术套路同样如此。奥运会是世界范围内规模最大的体育盛会,武术被列为奥运会项目能够加快武术国际化的速度,可以促使武术用更短时间达到预期的推广效果和普及效果。因此,改革自己适应奥运会的规则,适应世界不同观众的口味,促进其国际化发展。

除借助奥运会宣传自身以外,还应当积极组织针对单个群体的世界武术比赛,同时逐步发展成各类国际性运动的比赛项目。比赛是竞技武术的重要表现形式,积极组织各种形式的比赛能够加深人们对武术的认识,吸引更多人参与武术运动,由此发挥宣传作用和促进传统武术发展的作用。

此外,组织武术表演大大提高了武术的知名度。对于国际传播的方式与方法来说,应当尽可能增大竞技武术套路技术的输出。竞技武术是在传统武术基础上加以改革和创新的,有计划地组织综合素质高的教练参与竞技武术套路技术的输出工作,促使中国武术植根于世界其他国家,要尽可能缩短将竞技武术技术顺利输出的时间,严禁持有保留的态度来输出技术,原因在于只有其他国家的竞技武术得到了良好发展,这些国家才会积极支持武术进奥。

在技术推广的过程中,应当大力推行简单技术,同时充分结合中国武术段位制。简单易学是跆拳道和空手道能够快速普及世界各国的一项重要原因。由于竞技武术技术难度大,所以其更适合专业运动员演练,但广大群众学习竞技武术套路的主要目的则是健身。广大群众掌握完整竞技武术的难度比较大,因而有必要选取那些和大众演练目的相适应的技术,遵循从简单到困难的顺序,促使练习者树立自信心尤为关键,推动练习者深入认识竞技武术,从而有针对性地参与武术锻炼。

5. 促进武术的职业化发展

发展武术职业赛事不但是在积极顺应体育产业化的发展走向,而且是达到"以武养武"目标的关键环节。武术职业赛事提出,赛事应当把群众当成中心,采取多种方式来增加赛事的观赏性,从而使观众观赏竞技武术套路的心理需求得到满足。当前的武术赛事往往是在追求"高、难、美、新"的竞技武术套路的过程中提升观赏性,但降低了武术赛事的实用性、技击性以及创新性。但武术散打比赛开展情况良好的原因不只是实用性和实战性强,武术散打比赛的职业化运作和组织的市场化同样发挥了很大作用。由此可见,应当把武术散打当成试点,目的明确、条理分明地推进武术散打职业俱乐部的建设工作,由此使得武术散打职业化得到有效推进。在竞技武术套路市场化的发展过程中,曾经尝试过国家招标方式、拉赞助承办武术比赛的方式、通过服装冠名等手段获得赞助经费的方式,赞助商在赞助过程中都获得了良好的广告宣传效果。武术器械、服装、用品进入多个厂家竞争的形势,以武术优秀运动员做商品的交换市场正在悄然形成,结合经济方式操作的武术无形资产和企业有形资产的交换,市场也将竞技武术套路作为选择市场的切入点,武术市场化运作为武术职业赛奠定了较为坚实的物质基础,武术市场化运作加快了武术传播速度,使得人们休闲需求和娱乐生活需求得到了满足,达到了"以武养武"的效果。除此之外,还推动了专业武术队向武术职业队的转变进程,加快了武术职业队的形成进程,官办民助的计划经济体制被打破,武术职业赛体制成功构建,武术职业赛被真正推向市场。

社会是经济、文化、政治等相互联系和作用的有机体,经济对其他几个方面有基础性意义。经济为人的均衡发展提供了必要的物质条件,同时人的均衡发展也一定要有经济的进步和发展做保障;物质文明是人类生存和发展的物质条件与物质基础,是精神文明得以产生与发展的物质基础,而精神文明是物质文明与社会进步的重要支撑和推动力量。物质文明与精神文明之间相互推动、相互影响、辩证统一的关系共同推动着社会进步。武术是社会发展到特定阶段的产物,是人类物质文明与精神文明的结晶,社会进步与经济发展对武术的发展进程产生了很大的作用。

武术套路进入市场经济一定会对竞技武术套路的发展产生促进作用,向竞技武术套路的发展提供必需的物质支持。美国 NBA 和中国 CBA 相同,都积极走市场化道路来完善自身的"造血功能",真正意义上踏入职业化道路,同时获得世界各国人民的肯定与欢迎。

6. 处理好武术与奥运会的关系

首先要明白的是进入奥运会不是中国竞技武术对外传播和发展的终极目标,进入奥运会只不过是为了利用奥运会的影响力更为快捷地推广中国武术。中国竞技武术对外传播的最终目的是发展中国武术,中国竞技武术发展的终极目标是通过武术把中国的优秀文化发扬光大,这是中国竞技武术通过进入奥运会抑或是通过其他途径来对外传播时必须明确的一点。

进军奥运会不是宣传与推广中国武术的唯一途径。尽管相扑和泰拳没有想要进军奥运会的行动,但依旧表现出了良好的发展态势。中国武术除了进军奥运会这项途径外,还可以采取很多种推广形式,进入奥运会是一项可遇不可求的事情,应该积极探索更多有效的途径,将中国竞技武术推广到世界各个国家。任何一种只是为了特定传统手段而"削足适履"的做法都会让中国武术的发展道路变得更加狭窄。

在崭新的发展阶段和现代化的大背景下,竞技武术是继承和发展中国武术精华以及关键内容的一项重要形式。然而,竞技武术在世界范围的传播还深受东西方文化差异的影响,不可能迅速得到世界人民的认可,在传播过程中,应该保障武术运动的中国特色不会流失。对文化差异问题,应当持有理性态度来面对,正确对待其中蕴含的文化差异,从而保持武术竞技化发展的良好心态。

7. 注重对武术休闲价值的开发

随着我国综合国力的提升以及人民生活水平的提高,休闲成为人民生活的重要组成部分,很多人在工作之余,利用闲暇时间进行休闲体验,人们的休闲生活包含很多方面,包括在家看电视、看书、逛街、逛公园等,还有一些人选择外出旅游。随着我国逐渐进入休闲社会,将会有更多的人拥有休闲时间,那么如何让人们利用休闲时间从事武术产业活动是值得研究的一件事。

武术其实具有很好的休闲价值,如通过引导人们在闲暇时间里参加武术锻炼,接受武术培训等,从而形成武术的体验经济,以及引导人们在休闲时间里去观看武术竞赛表演,参观武术学校和武术景点等,都可以充分发挥武术的休闲价值。

8. 树立武术品牌

目前,武术在世界上具有了一定的规模,得到了一定发展,但是却没有形成一个响亮的品牌,无法满足世界范围内对武术文化和相关产品的需求。因此,应高度重视武术用品品牌的开发和建设[①]。可以从以下两个方面入手:

(1)武术文化品牌。在国际上,以武术为表现内容的文艺作品,已经占有重要位置,如《卧虎藏龙》《精武门》《少林寺》等影视作品。武术与电影的结合,提高了武术的知名度,在世界范围内带动了新一轮的功夫热潮,是良好的武术文化品牌建立的典范。此外,可以通过我国孔子学院的国际化发展,来推广中国武术文化品牌的建立。

(2)武术赛事品牌。在武术赛事方面,经过近几年我国武术竞赛的开展,"散打王""昆仑决"等武术赛事已经成为人们心目中的品牌赛事,形成了一定的影响力,但是其在国际化发展方面,仍然需要进一步的运作和发展,因此应加大对品牌武术赛事的运作和打造,以此促进武术的市场化发展。

---

① 张文元. 我国武术无形资产的市场化开发路径研究[D]. 南京:南京体育学院,2012.

第二章 武术文化的发展状况解析

中国武术文化博大精深,源远流长,武术不仅仅是一项体育运动,更是一种文化,而且是在中华民族几千年社会文明中的重要民族文化之一,在特殊的历史环境中形成了独具中国特色的传统文化,具有丰富的文化内涵、特征与表现形式。本章对武术文化的发展状况进行研究。

第一节 武术文化的发展现状

一、武术文化社会发展现状

(一)民间武术活动广泛开展

长期以来,我国传统武术与我国民族民间文化一起,在我国广大人民群众中广泛流传。近年来,随着我国民族传统体育逐步受到重视,我国积极推广和落实全民健身计划,作为传统体育项目之一的传统武术,具有广泛的群众基础,成为我国全民健身的重要运动项目。随着我国全民健身运动的广泛开展,健身思想的不断深入人心,越来越多的人民群众不断地参与到了武术健身运动之中,武术得到了快速而全面的发展。

当前,我国各种武术活动开展广泛、武术参与人数不断增多。传统武术拥有广泛的群众基础,而且是基础性群众健身的重要内容和形式,作为一项大众健身项目,传统武术在人民健身中深受欢迎,现阶段,传统武术健身者在广大社区与公园中随处可见。据统计,我国目前的传统武术练习人数达到两亿多人,这是其他任何体育项目都无法比拟的,充分反映了我国传统武术强大的生命力,也表现了武术健身运动背后的武术健身、养生等文化对我国人民群众的深深吸引。

(二)武术文化研究不断深入

文化的发展需要理论指导和支持,在党和政府的重视下,我国重视传统文化的保护、传承、传播与发展,投入了大量的人力、物力、财力进行传统文化研究,并给予政策支持。

在武术文化方面,对传统武术文化在现代化社会中发展的重视,有效促进了传统武术文化的科学、可持续发展,关于传统武术相关的研究也逐渐深入。更多的学者逐渐开始重视对于传统武术文化的价值、传承、发展等课题的研究,这些研究不仅为我国传统武术的不断发展提供了更加丰富的理论依据,同时也为传统武术在其自身不断发展的道路上提供了更为广阔的视角。

但是,也必须认识到的是,当前,我国武术的理论研究明显落后于武术发展实践,构建传统武术理论研究体系迫在眉睫。现阶段,重视传统武术理论研究应做好以下几方面的工作:

(1)要突出学科研究角度,以武术技理为主干,以自然科学和社会科学为基础,突出重点、系统全面,用现代学科知识(如生理解剖学、动力学、生物力学)诠释传统武术(拳理)。

(2)完善传统武术的技术体系,保持传统武术技术的风格特点。

(3)完善传统武术的流派研究,重视武术文化挖掘与整理。我国传统武术历史悠久,门派众多,拳种林林总总,器械五花八门,难以尽数,这是传统武术的特点之一,要系统推广武术文化,就必须重视武术文化的溯源和归流。

(三)武术电视节目不断出现

大众媒体对文化、体育文化的宣传具有重要的作用。在日常生活中,现代各种媒体的出现为文化的传播提供了便利,随着科学技术的进步,各种社会媒体,如电视、广播、互联网等,发挥着越来越重要的作用。这些媒体对于文化信息的宣传具有重要的促进作用。

就武术文化来说,武术文化是一种重要的体育文化、社会文化,在人民群众心中具有极大的文化亲和力。鉴于这一点,我国电视媒体行业紧跟社会文化发展热点,许多宣扬与展现传统武术的电视综艺节目也不断涌现出来,如中央电视台的《康龙武林大会》、河南电视台的《武林风》、河北卫视的《英雄榜》等。这些展现传统武术的电视综艺节目,不仅受到武术爱好者的热烈欢迎,同时也宣传与推广了传统武术文化。

就武术类电视节目的出现来说,从社会文化发展角度来讲,充分体现了传统武术文化与现代科学技术的完美结合,正是通过电视媒体的方式,促进了传统武术的进一步宣传与普及,使越来越多的人能够了解和享受武术文化,并进一步成为武术文化的传播和推广者。

(四)武术文化的市场化发展

改革开放以来,我国的商品经济获得了快速的发展,我国经济的发展以及人们思想观念的变化促进了武术的市场化发展。1988年,我国提出了"以武养武"的发展思路,开发以武术为主要形式的经济产品带动当地经济的发展。

从现代经济学角度来讲,传统武术产业是一个很大的概念,它不仅包括进入市场实行商业化经营的武术活动,同时还包括与武术相关的一切经营与生产活动。在现代社会主义市场经济条件下,传统武术走上了产业化发展的道路。

在良好的社会背景下,一些地方开始以"武术搭台,经贸唱戏",开发以武术为主要形式的经济产品带动当地经济的发展。如郑州国际少林武术节、温县国际太极拳年会、湖北武当文化武术节等。这些文化节的相关武术文化活动的举办,极大地普及和促进了我国武术文化在社会上的广泛发展,进一步扩大了武术文化的影响力。

此外,伴随全国性传统武术热潮的兴起,有关传统武术的书籍以及音像制品等产品逐渐增多。通过这些传统武术相关的产品,能够提高并加深人们对于传统武术价值的理解与认知;有力地推动传统武术在世界范围内的普及与繁荣。但是,应该对当前传统武术产品繁荣的背后,传统武术产品繁荣的重复性制造引起重视。

当前,我们传承和发展武术文化,应该在创新方面进行更多的思考与实践。市场经济社会背景下,把传统武术作为一个产业来开发,要通过不断提高传统武术产品的文化内涵,来提高传统武术自身的市场竞争力,让传统武术主动参与市场竞争,使其在激烈的市场竞争中谋求持续发展之路。

二、学校武术文化发展现状

学校是培养人才的摇篮,传统武术发展的后备军,未来的武术家也应通过教育的形式来培养。在学校中大力开展传统武术的教学训练,重视传统武德教育,可以弘扬优秀的民族文化,培养出具有不息、不淫、不移、不屈的民族性格的优秀武术人才。因此,加强传统武术在学校的开展具有十分重要的现实意义。

对我国学校武术教学以及武术文化活动开展现状具体分析如下:

(一)学校武术教学现状

武术是我国学校的传统体育课程,但是长期以来,我国武术教学中存在以下问题,严重制约了学校武术的发展。

1. 武术教学不受重视

在我国体育教学中,西方体育运动项目,如田径、体操、球类运动等在教学中占据重要地位,武术教学不受重视。

根据有关对我国体育院校传统武术教学的调查表明,在体育院校教学中,传统武术仅仅占有非常低的内容比例,如果在其他的普通高等院校,传统武术的比例会相对更低一些,这种状况不容乐观。

2. 武术课程设置现状

据调查,目前,我国学校武术教学课程主要是在高校开设。这主要是由于高校体育课教学大纲的明确规定:在体育课中,要将武术课作为选修课开设。目前,在高校中,武术课程往往是作为选择性的必修课进行的。但由于学生在武术方面的基础较差,再加上了解甚少,选择学习武术的学生并不是很多,其武术课程主要集中在初级三路长拳、太极剑、二十四式太极拳、散手等几个拳种方面。

3. 武术教学内容单一

中华民族传统武术历史悠久,发展到现在,已形成了众多的拳种、套路和功法等。但是,在传统武术教学方面,由于课时有限,再加上受武术教学大纲的制约、教师教学能力的限制,在武术教学实际中,所涉及的武术拳种并不多。

此外,当前传统武术的教学内容基本上是武术套路,欠缺武术理论教学。这就导致学生对武术认识的片面性。中国武术蕴含着丰富的中华传统文化,学习传统武术,不仅要学习武术技术、技术理论,还要学习和继承我国优秀的民族传统文化,但是目前的武术教学中很少涉及武术文化宣传和教育。

4. 武术教学方法刻板

合理有效的教学方法能充分激发学生学习的积极性,有利于学习氛围的营造和教学活动的开展。

目前,据粗略统计,我国各级各类学校中,仅有很少的传统武术教师将现代的教学技术(如多媒体等)运用在教学中,而就武术的习练特点来说,武术的很多技术动作学练都有严谨的技法和拳理内容,并体现出文化内涵,对于一个武术动作的定格、一套武术动作的流畅完成,需要教师采取现代化教学方法和手段展现给学生,以更好地实现传统武术效果。显然,在这方面,武术教学还有待完善。

5. 武术器材短缺、破损严重

传统武术教学器材是否齐全在一定程度上影响着教学活动的进行。教学训练器材是传统武术教学活动顺利开展的基本保证。传统武术教学器材一般可分为两部分,一部分是技术器材,如刀、抢、剑、棍等;另一部分是功力器材,如杠铃、哑铃、壶铃、皮条、沙袋、木桩综合训练器等。

调查显示,当前我国学校传统武术教学器材中,棍的使用率最高,刀列于其次,然后是剑,最后是枪。这与传统武术教学难易的规律完全相符。而在功力器材中,杠铃和沙袋使用率较高。我国很多学校,武术教学器材有限,多个学生共用的情况屡见不鲜,不能满足教师教学和学生的学习需求。而且,很多武术器材磨损严重,存在较大的安全隐患。

6. 武术教学师资力量不足

教师素质的高低会对教学的成效和学生的发展产生非常重要的影响。因此,建立一支高素质的教师队伍是非常有必要且重要的。在武术教学过程中,武术教学的难度比较大,搞好武术就必须做到技术动作熟练,示范准确,讲解清楚,同时还要对武术技术内容的内在攻防含义有深刻的了解,因此,学校武术教学对教师的专业素质是具有较高要求的。

当前,在我国学校武术教学中,教师师资力量不足是一个很严重的问题,严重制约了我国学校武术的发展。我国传统武术师资的综合素质不高,与我国传统武术发展的需求还存在着较大的差距。虽然教师的学历不能等同于教学质量,但在很大程度上,学历说明了教师的理论水平和发展潜力。教师经过系统的学习、培训,获得一定的学历,学历越高,说明教师对从事专业的认识越深,也具有更强的与教学改革相适应的能力,这无疑对教师的教学与科研都是非常有利的。

我国传统武术教师的水平较低,在很大程度上决定了教师的业务水平和业务素质相对较低。除此之外,这一现状还受到传统武术教师的教学态度、教学水平和专业水平等方面的影响。传统武术教师呈现出年轻化的趋势,再加上培训时,还没有全面学习和了解武术运动,从而对武术运动的认识和教学水平产生不利影响。

(二)学校武术文化活动现状

就我国绝大部分高校的武术教学现状来看,我国各高校的武术教学发展不均,一些高校的武术教学不受重视,课程设置不科学,选修学生少,但是另一些高校的武术教学则成为学校的体育重点教学课,学校不仅将武术列入教学大纲,规定了一定的教学时数,还制定了具体的考核办法和标准。部分有条件的高校还有自己的武术运动队。高校传统武术课程的开展极大地促进了武术的推广和发展。

三、竞技武术文化发展现状

武术具有技击属性,因此有发展成为竞技体育、举办竞技比赛的可能。而体育竞赛的开展是对体育文化的一种重要推广形式,武术竞赛的开展也在很大程度上传播与推广了武术文化。

武术作为我国优秀的民族文化和运动项目,是全世界了解中国的重要窗口之一。当前,在我国全国以及区域性的传统武术比赛与年会等活动都相继开展起来,如国际形意拳交流比赛、郑州国际少林武术节、传统武术功力大赛等。这类传统武术活动的开展,不仅有助于传统武术在全国范围乃至世界范围进行宣传与普及,同时,进一步扩大了传统武术文化在我国及在全世界的影响力。

(一)职业武术比赛的发展

在全球化背景下,传统武术的必然发展趋势为走出国门、走向世界。而在全球化发展的过程中,西方体育文化不断在我国传播发展。在西方体育的影响下,武术的竞技化发展使得其与传统武术之间形成了较大的差异,具体而言,随着其竞技化发展,传统武术的运动属性逐渐增强,而蕴含其中的文化属性却逐渐减弱。而只有与西方体育的精神、思想靠拢,才能够进一步融入竞技体育的体系之中。这就使得我国的传统武术向着规范、统一的方向进行改革。

1952年,传统武术作为民族形式体育项目进行推广。此后,我国多次对武术竞技规则和竞赛体系进行不断完善。对传统武术竞技规则的不断调整也是我国传统武术一步步走向竞技性、规范化的过程。我国传统武术内容丰富、动作多变、套路多样,要进行统一的技术评定,就必须做到规则的规范,这也是传统武术竞技化发展必须改造动作、套路,需要付出的巨大代价。

1990年,国际武术联合会成立,总部设在中国北京。现有成员协会142个(截至2018年3月)。国际武术联合会,简称国际武联,该组织在推动武术活动、武术文化在全世界范围内的广泛开展与传播起到了重要的作用。

1999年,在韩国汉城召开的国际奥委会第109次全会上,承认了国际武术联合会在奥林匹克运动当中的地位,武术在融入西方竞技体育过程中又迈进一步。

在世界体育竞技化发展趋势中,将我国传统武术纳入现代体育的范畴,是传统武术未来发展的一个重要趋势,如果不进行竞技化改造,武术最终将会面临着被淘汰的危险。因此,在武术的竞技化过程中,首先要做的就是在保留传统武术基本特点的基础上,改造武术套路的结构和内容,使武术既包含民族项目要求,又充分保留民族素材和内容,使丰富后的传统武术套路内容与形式能充分体现竞技特点,提高竞技武术的娱乐性和观赏性,为其进一步走向国际、进入奥运会奠定基础。

现阶段,武术竞赛规则的不统一和操作性的缺乏是影响传统武术竞技发展的一个重要制约因素,对武术套路、动作的技术评判缺乏统一、明确的标准直接影响了不同裁判在比赛过程中对参赛者表演的评判。因此,要想武术竞赛公平、公正地进行,就必须简化武术竞赛规则。在现在国际范围内,专业武术裁判有限,武术裁判多为兼职的情况下的武术比赛,对运动员表现的判断更为直观、可量化,简便可操作性的武术竞赛规则便于裁判员评判,为此,我国先后几次修改武术竞赛规则。根据国内、国际武术发展的需要,2002年推出了一部新的武术套路竞赛规则。新的武术套路竞赛规则的推出和采用必将对武术套路竞技水平的进一步提高产生深远的影响。

2004年在广东省佛山市举行了首届全国武术功力大赛,共21支代表队参加了比赛。2005年11月,第2届全国武术功力大赛在深圳举行。

经过努力,2008年,武术作为表演项目出现在北京奥运会上,进一步扩大了武术在国际上的影响。

21世纪以来,我国传统武术的竞赛体制日渐完善,为武术进入奥运会创造了良好的赛制条件。为了进一步促进我国武术竞赛的规范化发展,我国还先后制定实行《武术运动员等级制度》《武术竞赛规则》《武术裁判员等级制度》《武术教练员等级制度》《中国武术段位制》等。武术竞赛规则和武术竞赛相关制度的完善,进一步促进了我国武术在当前社会的科学化发展。

(二)商业武术比赛的发展

目前,我国在赛事推广方面做过许多尝试,很多武术赛事推广与市场相结合,出现了如"中泰拳王争霸赛""中国功夫散打王争霸赛"等赛事。其中"中国功夫和泰国泰拳争霸赛"一度还成为年度赛事,每年由中国或泰国的城市交替举办。这些商业武术比赛进一步推动了我国武术的市场化发展。

随着一些武术商业赛事运作的不断完善，一些地区在举办商业赛事的同时，也积极开展武术文化推广活动，并与商业活动紧密结合，实现文化和经济的共赢。2014年10月19日，第10届中国郑州国际少林武术节在少林武术的发源地登封嵩山少林寺开幕，来自63个国家和地区的1 800多名运动员切磋武艺、交流心得，对武术在我国乃至世界范围内的进一步传播起到了推动作用。2016年10月15日，第11届中国郑州国际少林武术节在郑州隆重开幕，历时5天，武术健儿们在竞技场上奋力拼搏，极大地提高了武术竞技水平，推动了武术文化的交流与合作，谱写了世界武术发展史上新的篇章。

当前，我国和世界范围内，竞技武术发展具有良好的发展背景，现阶段，我国致力于建设"体育强国"，以及实现中国民族伟大复兴的中国梦，而世界范围内体育竞技化势头正猛，随着我国竞技武术赛事的日益规范化开展，武术竞赛的世界影响力将进一步扩大，而武术竞赛背后所进行的武术文化宣传，必将使武术文化在世界文化舞台上大放异彩。

四、全球化背景下我国武术文化发展现状

(一)文化全球化的历史趋势

全球化是人类社会不断发展的趋势和必然，随着经济全球化的到来，政治、文化、信息等的全球化时代也相继到来，在文化全球化的时代，文化的争夺伴随着文化霸权和文化主权的抗争是各国必须正视的现实。

(二)全球体育文化的多元化存在

文化的多元性是当今的时代浪潮，它能使不同民族之间相互了解、增进友谊。随着世界的发展，各国之间的交流也更加紧密，奥林匹克运动的普及程度也在与日俱增，人类文化必将在奥林匹克文化当中进行多元化的交融。文化从本质上来看，地域性和民

族性是无法避免的因素。

(三)文化全球化下的文化争夺

随着经济全球化的日益加剧,在一定的经济形式的承载下,裹挟着精神、价值和道德观念等文化因素,影响着人们的思维方式和行为方式,构成了经济全球化背景下的文化景观。余秋雨先生认为:"文化不是自家的井。"文化的全球化发展趋势势不可当,在多元化文化的相互对抗、争夺中,应以平和的心态看待,在保持自己文化尊严和自由的前提下,去"为差异而欢欣",愉快地感受世界多元文化。如果以为封闭才能求得"文化安全",必然适得其反,要以开放的心态在广泛的世界多元文化交流中加强本民族文化的建设,培元固本,才能从根本上抵御外来文化侵袭。①

近年来,关于文化的思考日益引起全社会的关注,中国民间文化流失情况也非常严重。现在,楼兰古城最完整的资料,在大英博物馆;最完整的敦煌文书,在日本;最早发现的湖南滩头年画,在德国和日本的收藏家手中。诸如此类的例子很多,显然,我们对文化的不重视和保护不周,造成了现在我们的一些文化的遗失。

2004年9月28日,中国新闻网发表《中秋传统承传中失落:兔爷泥偶不敌流氓兔卡通》的报道。同月30日,千龙网发表《"兔儿爷"为何打不过"流氓兔"》的评论,这两篇报道正是对在西方文化强烈冲击下的我国传统文化发展的思考。同样是在2004年,在"端午节保卫战"中,韩国把中国的传统节日作为本国的民俗活动向联合国教科文组织申报世界非物质文化遗产,并获得成功,由此,在我国社会大众中引发了一次空前的文化争夺探讨,这也是普通大众第一次切身体会到世界文化争夺的火药味。

中国拥有五千年的中华文明,但是,今天的孩子们在肯德基、麦当劳、《哈里·波特》、迪斯尼的影响下成长,对于中国传统节日

---

① 朱威烈. 国际文化战略研究[M]. 上海:上海外语教育出版社,2002.

习俗知之甚少,我国很多青少年只知道端午节是一个吃粽子的节日,而且还有很多人不喜欢吃粽子,因此更加不关注端午节这一传统节日。

现代社会发展迅速,各种文化文明席卷全球,每时每刻都不知道有多少传统的、土生土长的文化在消失。对于我国传统文化发展来说,现在我国很多人,对时尚津津乐道,追逐偶像和美、韩、日流行元素,一批致力于抢救民间文化的专家、学者发出告急和呼吁:无数珍稀罕见的民俗技艺和民间文艺伴随着老艺人的逝去而销声匿迹,但很多人对我国正在遗失的传统文化却表现得比较漠然。

韩国的"端午节"申遗成功,对于我们来说,不仅是一个节日的得失,更重要的是,中国的传统节日文化意蕴丰厚,留存着中国民族文化的记忆。每过一次传统节日,对民族的凝聚力都是一次洗礼,节日更像是文化主权的宣誓,如今,在中国绵延了两千多年的节日被韩国剥夺了拥有权值得深思①。

民族文化的优秀成分经过提炼和历史的凝聚成为民族精神的因素,会鼓舞一个民族勇往直前、不屈不挠,不断增强综合国力和综合竞争力。中华民族传统文化是我们民族的文化根基,是中华民族的宝贵精神财富,在当今经济、文化日益全球化的趋势下,保护和传承中华民族传统文化,是每一个中华儿女的历史责任。

(四)文化全球化背景下武术文化自觉与自信

1. 武术文化自觉

武术文化是我国乃至全世界的优秀文化瑰宝,是人类优秀文化的代表之一。对武术文化价值观念的认同是促进武术文化发展的重要基础和前提,在此基础上,促进武术文化向文化自觉的转变,其根本目的在于传承、复兴武术传统文化。

---

① 邱丕相.武术文化传承与教育研究[M].太原:山西科学技术出版社,2015.

传统武术文化的传承是整体的、全面的，并非单一形式的技击技法的传授，因此，传统武术属于一种独特的教育形式，传承传统武术文化就是开展一种教育活动，通过教育（"师徒传承""口传身授"），传统武术的技术和文化才能得以保存并流传发展。现阶段，推广、传承与发展我国传统武术文化，开展武术教育教学是一个非常重要和有效的途径。

在武术文化传承方面，学校教育传承能够在一定程度上扩大传承面，将传统武术纳入学校教学体系，通过学校教育进一步普及与发展传统武术，吸引和影响更多的人（包括学生及其家长）传承武术文化，通过学校武术教育和传统武术教学，不仅能够促进学生身体正常发育，全面提高其身体素质，增强其体质，学生还能通过传统武术文化、基本功、技击原理、技法等的学习，培养学生坚强的意志品质，使学生形成自己的世界观、人生观以及价值观。此外，传统武术具有丰富的文化内涵，是我国几千年文化和民族精神的结晶。通过传统武术教学，学生可以充分认识与了解我国传统文化，并养成良好的道德意识和提高对中华民族精神文明的认知。同时，也有利于发现和培养优秀的武术文化传承人。

此外，武术文化的保护、传播、传承、发展，每一个中国人都有不可推卸的责任，对此，政府应给予武术文化良好的推广、普及与传承空间与条件，营造良好的武术文化发展氛围，发动全社会的力量传承武术，使每一个人都认识到武术文化传承的重要性和意义，并自愿肩负起武术文化传承的责任。

2. 武术文化自信

文化自信，是指在当前文化全球化背景下，面对外来强势文化的影响和冲击，对本民族的文化有足够的自信，相信本民族的民族文化是最优秀的积极心理。民族文化自信，必须建立在对民族文化全面了解和认知的基础之上，因为，一个对本民族的优秀文化一无所知或者知之甚少的人，对民族文化不具有深厚的感情，也不会主动背负民族文化传承、弘扬的责任。

　　文化是具有进步意义的,一种民族文化,往往是民族的智慧和血汗的浓缩,必然是复杂而精致的。文化的全球化,有利于不同的优秀文化进行相互交流与融合,对于丰富人类文化具有重要的促进作用。

　　在文化全球化背景下,我国传统武术文化作为我国优秀的民族文化,是全世界民族文化的重要组成部分。武术文化中所包含的"天人合一""形神兼备""扬善除恶""仁义谦虚"和"尊礼重道"等,都是武术文化的精髓,也是被中华民族所认可的文化内涵,是中华民族文化独有的文化内涵。武术文化是在我国丰富的传统文化的培育下逐渐发展起来的,是中华传统民族文化的集大成者,传统武术文化是一种包容并蓄的文化。在随着时代的发展的过程中,传统武术文化在受不同历史时期的政治、经济、军事、宗教、文艺等社会多要素的影响下,不断吸收优秀文化成分,从原始的单一的身体运动形式,逐渐发展成为内涵丰富的体育文化体系。

　　中华文化,博大精深,源远流长。当前,中国文化受到了越来越多的关注,国外兴起的"汉学热""中国热"和"武术热"无不显示了中国文化的吸引力。

　　对中国传统武术的自信,需要建立在理性思维之上的,既要反对狂妄自大和乌托邦式的狂热,又要冷静地面对中国文化的弊端,与时俱进地继承和弘扬我们民族文化的精华,如此,才能真正实现民族武术文化的复兴。

　　(五)我国武术文化的国际化发展

　　加强武术国际间的交流与发展,对促进我国传统武术的发展,以及增进世界各国人民之间的友谊,都具有深远的影响和意义。在1991年的亚运会上,我国传统武术首次被列为国际比赛项目,其运动价值也得到亚洲各国的一致认可。随着在亚洲各国不断开展武术套路比赛,传统武术的国际影响力也在不断增强。武术竞技化发展,不仅是对传统武术极大的推广,也是对中国传统武术文化的大力宣传。

20 世纪 80 年代中后期,随着我国的改革开放,武术开始真正走出国门,与世界上各个国家的交流日益频繁。2004 年 10 月,首届世界传统武术节的举办,吸引不少人的眼球,使中国传统武术受到了世界人民的关注。

当前我国传统武术不断进步与发展,不仅走出了亚洲,而且日益国际化,且这种国际化的趋势越来越明显。

不得不承认,尽管武术在一段时期内遭受过重大的挫折,但是随着现代体育的不断发展,武术也在不断地探索、改革、开拓中前进。在增强人民体质,振奋民族精神,建设社会主义精神文明中发挥了非常重要的作用。在增进国际间的交往,跨出国门,走向世界的征途中,武术在国际化发展的道路上正在稳步前行,这也是武术文化国际化发展的重要表现和必然要求。

第二节　武术文化的保护与抢救

我国武术文化的产生、演变、发展,具有特殊的历史文化环境和背景,在当前现代社会,和以往相比,包括政治、经济、文化、科技等,社会各个方面都发生了重要的变化和变革,武术文化的生存空间发生了重要变化,因此导致了武术文化的现代化发展的不适应。很多文化都在现代社会发展中逐渐遗失,而文化一旦遗失,文化发展和弘扬就会成为空谈,所以,对现有的,尤其是濒临消失的武术文化进行保护与抢救至关重要。武术文化的保护与抢救,是武术文化进一步实现传承、发展、弘扬的重要前提和基础。

一、武术文化的保护

对武术文化的保护是任何时候都应该重视的,在武术未来发展进程中也是如此。对现有的武术文化的保护,主要应落实以下几方面工作：

（一）保护武术文化的文化空间

"文化空间"也称"文化场所"（Culture Place），是联合国教科文组织在保护非物质文化遗产时使用的一个专有名词。2005 年，我国国务院办公厅《关于加强我国非物质文化遗产保护工作的意见》之附件《国家级非物质文化遗产代表作申报评定暂行办法》第 3 条关于非物质文化遗产分类界定中明确列举了除与联合国公约中五大类外的第六类即"与上述表现形式相关的文化空间"，把"文化空间"作为非物质文化遗产的一个基本类别，并定义为"定期举行传统文化活动或集中展现传统文化表现形式的场所，兼具空间性和时间性。"[①]"文化空间"是非物质文化遗产代表作的重要形式和保护对象。

武术是我国传统文化的特色代表项目之一，武术的许多有价值的文化空间需要保护。如少林寺就是一个别具特色的"文化空间"，它是佛教文化环境与僧人习武的地方，对其进行保护符合非物质文化遗产的现象与实际。

武术文化空间的保护具体要求如下：

（1）重视联合国"人类口头和非物质文化"遗产和国家级非物质文化遗产的申报。

（2）重视传承人和流派传人的保护。

（3）重视"农村武术"的发展传承。

（二）保护武术文化的文化根基

传统武术文化是中国文化精神的载体，传统武术是我国民族文化的结晶，它有着鲜明的民族文化特性。它不仅展示了中华民族几千年生生不息的精神风貌，而且在其形成完善过程中倾注着广泛的民族文化精髓。

---

① 《国务院办公厅关于加强我国非物质文化遗产保护工作的意见》. 国办发〔2005〕18 号

当前,从形式上和武术理论基础上,我国武术文化都深深地留下了民族文化的烙印。离开了中国文化精神的武术便不是真正的武术。因此,必须重视武术文化根基(文化母体、文化环境)的保护。《中国大百科全书·环境科学卷》中指出,环境是围绕着人群的空间,及其中可以直接或者间接影响人类生活和发展的各种自然因素和社会因素的总体。

传统武术文化的发展、传承环境同样受到人类生活和发展的各种自然因素和社会因素的影响。环境变化了,文化也会发生变化,因此要重视文化母体环境保护。具体要求如下:

(1)科学认识当前发展武术文化的目的是弘扬中国传统体育文化、传统民族精神。

(2)重视传统武术文化的特性和内涵。

(3)参考和借鉴国内外优秀文化的发展特点,吸取经验和教训,结合传统武术文化的特点传承、发展传统武术文化。

(三)保护武术文化的文化传承人

传统武术文化传承人指的是对传统武术文化直接参与传承、使之可以不断沿袭的个人或群体。传统武术文化的传承人是传统武术文化传承与发展的重要载体、推动者。

任何一个时期的任何一个人或国家、民族,要想了解和认识传统武术,弘扬传统武术的精神,就必须以传承人为媒介,展示武术文化的精髓。所以说传承人在武术文化的传承方面发挥着重要作用,保护武术文化也应重视武术文化传承人的保护。具体要求如下:

(1)保护传承人的地位,国家应充分肯定传统武术文化传承人的社会地位,使其能受到社会的尊重。对一些重要的代表性传承人也要给予一定的荣誉,褒奖其贡献,肯定武术文化传承人的社会价值。

(2)重视对传承人的培养。国家可对关键技艺水平社会贡献划分等级制度,进行分层培养,并制定各个等级的标准,建立认定机构。

（3）明确传承人文化传承工作的程序，并作出详细规定。

（4）资助传承人员工作，为武术文化传承人创造良好的生活、工作环境和条件，使他们能全身心投入武术文化传承工作中去。

(四)确保武术文化保护的"原生态"

"原生态"文化是一直保持其原本的文化特性，并没有因为历史的变迁和社会的发展而改变的文化。随着时代的发展在原来的基础上衍生或创造了新兴的文化，称之为"次生态"文化，次生文化是一种新文化形态。

在武术文化的发展过程中，传统武术随着时代的变迁发生了一定的变化，有很多的"次生态"武术文化出现，也就是人们所说的"新兴武术"。在对武术文化的保护中，对"原生态"武术文化的保护显得尤为重要。

(五)健全传统武术文化保护体系

传统武术文化保护是一项系统、浩大的工程，需要很多工作要做，要想保证各项工作有条不紊地持续开展，就需要良好的保护体系保障，因此，在传统武术的保护过程中，应重视建立健全完善的文化保护体系。具体要求如下：

（1）建立健全传统武术文化保护体系，传统武术文化的保护理念、理论研究、保护方法与队伍建设是重点。

（2）在传统武术文化的传承与保护过程中，应坚持科学的现代化理念的指导，保证方向的正确性。首先，应明确历史与现实之间的差异，增强保护的意识；其次，具备世界意识，不断开拓视野，重视与西方体育文化的对比分析。

（3）文化的发展需要理论指导和支持，在传统武术文化的传承与保护过程中，应构建传统武术理论研究体系。具体来说，传统武术文化研究要突出学科研究角度，以武术技理为主干，以自然科学和社会科学为基础，突出重点、系统全面；用现代学科知识诠释拳理;进一步扩大武术研究的范围,尤其是对保护工作,不能停留于武术文化的挖掘、整理、分析上,也要重视武术文化传承与发展的整体环境分析。

(4)创新武术文化保护手段与方法,完善传统武术的技术体系,实现武术文化保护与研究工作的现代化的技术管理。如通过多媒体、网络进行传统武术的技艺再现,建立武术文化保护的数据库等。

(5)重视传统武术人才和传承者培养。

二、武术文化的抢救

针对濒临灭绝的武术项目与武术文化,应加紧抢救。国务院办公厅《关于加强我国非物质文化遗产保护工作意见》中明确指出,非物质文化遗产必须出现某种程度的生存濒危性才可入选保护名录。但很多传统武术项目因为其传承人的病危和环境变化已经成为了濒危遗产,却没有被选入名录。因此,要求相关部门认真研究传统武术的发展现状,了解传统武术各流派的传承情况,对濒危流派重点保护。

我国传统武术文化内容丰富、项目众多,而我国专门从事武术研究工作的人数十分有限,由于研究不够深入,当前,随着武术文化保护工作的持续开展,我国许多非物质文化遗产成为濒危遗产。我国很多传统武术项目因为其传承者的病危和环境变化已经成为了濒危遗产,却没有被选入非物质文化遗产名录。从实际情况来看,没有被选入名录,并不能说明其不需要重视和保护,而很有可能是濒危项目,此外,传统武术门派种类众多,由于各种各样的原因,中间肯定会有一些濒危的流派和项目。因此,在传统武术的传承中,一定要优先保护传统武术中的濒危项目。具体要求如下:

(1)相关部门应认真研究传统武术的发展现状,了解传统武术各流派的传承情况。

(2)对武术文化中的濒危内容、流派重点保护、重点传承,首先展开这一部分文化的挖掘、整理工作。

（3）对濒临灭绝的武术文化抢救积极给予法律、行政、人力、物力和财力支持。

第三节　武术文化发展之剑文化与棍文化

一、武术剑文化

（一）剑是权力及地位的象征

古时，宝剑少见，只有帝王才有条件和资格拥有，因此，剑最早是作为地位和身份的象征而出现的。《说郛》记载："夏禹子帝启，在位十年。以庚戌八年，铸一铜剑，长三尺九寸，上刻二十八宿，山川日月，并藏之秦望山中。"《古今刀剑录》载："秦始皇在位三十七年，以三年岁次丁巳，采北祇铜，铸两剑，各长三尺二寸。"然后"令李斯作小篆'定秦'两字，分别埋于阿房宫的阁下和观台下"。前汉刘邦于南山得一铁剑，上有"赤霄"二字，十分喜爱，常佩戴身边。

关于剑的一些传说中，最早的剑相传为"皇帝铸剑""蚩尤造剑"，宝剑的出现往往预示着君统天下的天意，《兵略纂闻》有：时人孙炎隐居谷中，有人"以一宝剑奉炎，炎以为剑当献天子，斩不顺者，我人臣不可私受"。充分说明，在古时传统思想观念中，受等级礼仪影响，名剑理所当然是属于君王的，《天子剑赋》中说剑是"天生神物，圣君用之"，认为统治者得到宝剑是"君权神授"的表现。

在中国的长期封建社会发展中，剑便与帝王将相、与江山社稷之间有着非常密切的关系，剑的出现，总是寓意和传递着王朝的兴亡、更迭的信息。

在武术界，有"剑起吴越，拳兴于齐"之说，这比皇帝、蚩尤造剑要稍晚一些,主要是因为,吴越两国历代君王喜爱宝剑,故而出土的剑也最多,史书中关于吴越宝剑也多有记载(见表2-1)。

表2-1 史籍与传说中的吴越宝剑

剑名	异写与别称	属主	出处
干将	吴干	吴王阖闾	《荀子·性恶》《战国策·赵策三》《吕氏春秋》等
莫邪	莫耶、镆呀、镆邪等	吴王阖闾	《太平御览》《庄子·大宗师》《说文》等
锯阙	巨阙	越王允常 吴王阖闾	《荀子·性恶》《新序·干事》《太平御览》等
辟闾		吴王阖闾	《荀子·性恶》《新序·干事》等
时耗		吴王阖闾	《越绝书·外地·吴地传》
纯钩	淳均、纯钩	越王允常	《淮南子·览冥训》《淮南子·齐俗训》《吴越春秋》等
湛卢		越王允常 吴王阖闾	《吴越春秋》《吴越春秋·阖闾内传》等
豪曹	盘郢	越王允常 吴王阖闾	《太平御览》《吴越春秋·阖闾内传》等
鱼肠	鱼腹	越王允常 吴王阖闾	《淮南子·修务训》《太平御览》《吴越春秋·内传》等
属镂	独鹿、属娄、属鹿、属卢	吴王夫差	《史记·吴太伯世家》《吴越春秋·勾践伐吴外传》等
步光		越王勾践 吴王夫差	《史记·仲尼弟子列传》
干队	干遂		《淮南子·道应训》《吕氏春秋·之分》等

从我国文献史记的记载来看,吴越时期,是宝剑与君权联系最紧密的时期,也是剑代表权力的文化开端。

在我国文学和影视作品中,常提到的"尚方(上方)宝剑"就是君权的重要象征。"尚方宝剑"是皇帝御用宝剑,授予大臣可行使君权。通过考证发现,古时,"尚方"是专门负责皇帝兵器制造及皇家衣食住行的衙门,起于秦、兴于汉。"尚方"所制宝剑,利可斩马,故又称"斩马剑","尚方宝剑",就是"尚方"铸造的宝剑。

在我国封建社会,"尚方宝剑"既是器物,又是命令;既体现了人治观念,又表现了古代的专断权力。《汉书·朱云传》记载"……臣愿赐尚方斩马剑,断佞臣一人,以厉其余。"从元代开始,建立尚方宝剑制度,赋予专断、专杀和便宜行事的权力,明朝万历年间,又有了尚方宝剑的隆重授剑仪式。《明史》记载,为平宁夏叛乱,万历皇帝先后赐总督魏学曾、巡抚叶梦熊尚方剑督战。发展到清代,皇帝集权,不再下放权力,自此,尚方宝剑停止铸造。

在我国不同的朝代,从宫中到民间,习剑之风始终盛行,因此,很多人都练剑、佩剑。受我国封建等级制度和观念的影响,古代佩剑也有明显的等级观念。佩剑之风盛行,在客观上对我国武术剑术的普及起到了积极推动作用。

(二)剑是降妖与杀魔的法器

古人认为,剑有灵气,可驱魔避邪。《本草纲目》中称:"古镜若剑,若有神明,故能避邪魅忤恶。"

在我国本土的道教中,剑与镜是道士最重要的法器,"凡学道术者,皆须有好剑镜随身"。相传,"祖天师"张道陵,曾受大教祖太上老君三五斩邪雌雄二神剑,保佑炼丹,练成降魔法术。

武当剑是武当山道教的镇山法宝。据宋代《玄天上帝启圣录》记载:玄天真帝君越海东游时,丰乾大天帝赐"黑驼裘角断魔雄剑"。元末明初,武当创始人张三丰集"黑驼裘角断魔雄剑"之特点,历经数年铸成"武当龙门古剑"。宝剑上有七颗金星,可化作霞光镇邪,故也称"七星宝剑""七星剑"。在张三丰的《熔神铸剑》一诗中写道"师传铸作青蛇法,坤鼎乾炉锻炼成。非铁非金生杀气……隐然身畔斩妖精",由此可见武当剑的铸造与斩妖镇邪有关。

从武术角度来看,武当剑法是重要的武术内容,晋代以后,道教兴起,民间习剑之风从此兴盛延续不断,武当剑法有名,武当到人陈抟、王重阳、张三丰都是用剑的武功高超的人。

剑最早被道家弟子用来踏罡步斗、仗剑而舞、念咒作法，以表现自我宗教的法力无边和神圣。之后，剑在武术发展中更多地是以剑舞的武术套路形式存在。

(三)剑是气质和性格的标志

古代习剑之风盛行，甚至文人墨客也喜欢佩带剑、练剑、写剑。在文人看来，习剑往往与人生抱负结合紧密。

孔子主持修订《六艺》，专门记叙澹台子羽提剑斩蛟的故事。屈原曾写："余幼好此奇服兮，年既老而不衰。带长铗(即宝剑)之陆离兮，冠切云之崔嵬。"晋代阮籍在《咏怀》诗中写道："少年学击剑，妙会过曲城。"自谓其剑术已超过了汉初曲城侯张仲。李白以诗箧剑匣伴终生，十五岁学剑于峨眉，自称"我家青萍剑，操割有余闻"，"剑非万人敌，文窃四海声"，把剑术摆在诗文之上。杜甫"壮年学击剑"，从二十岁开始，挟剑游侠。辛弃疾"剑指三秦""倚天万里须长剑"的诗句也表现了对剑的喜爱和报国之心。

此外，我国古代文人，常用剑比喻美好、神圣、刚正不阿，剑的杀伐功能直接指向佞臣。如贾岛的"十年磨一剑，霜刃未曾试，今日把赠君，谁有不平事"，韩愈的"我心如剑如雪，不能刺谗夫，使我心腐剑锋斩"，白居易的"愿快直士心，将断佞臣头"，王维的"一身转战三千里，一剑曾动百万师"，都是用剑来表达"修身""自由""伸张正义"等象征意义。

二、武术棍文化

(一)棍的军事作用

棍，又称"棒"或"白棒"，古代多称为"梃""殳""挺""杵"等。因受地域和习惯的影响，北方称"棒""杆"，南方称"竿""条"。在传统武术器械中，棍属于无刃兵器，棍被誉为"百兵之祖"，是最早的"兵器"。

棍具有重要的军事价值,从最早的"五兵"到"十八般兵器",棍的重要军事地位均有记载。

关于"五兵"的最早记载是《世本》:"蚩尤作五兵:戈、殳、戟、酋矛、夷矛","殳"就是之后的"棍"。在古代战争中,"五兵"中的兵器根据作战需要有长、短变化,在不同文献中,"车之五兵"也有所不同:

《谷梁传》中的"五兵"为:"矛、戟、钺、盾、弓矢"。

《公羊传》中的"五兵"为:"矛、戟、剑、盾、弓弩"。

《周书》中的"五兵"为:"弓、戟、矛、剑、盾"。

《国语》中的"五兵"为:"刀、剑、矛、戟、矢"。

《汉书》中的"五兵"为:"矛、戟、弓、剑、戈"。[①]

上述"五兵"中的长兵器,如戈、矛、戟等,均用棍作柄,在兵器使用中也出现了最早的棍法。

随着各朝各代的不同战争的发展需要,逐渐出现了"十八般兵器"的说法,该说法最早出现在《水浒传》第二回中描写史进从王进教头习武时:"哪十八般武艺?矛、锤、弓、弩、铳、鞭、锏、剑、链、挝、斧、钺、戈、戟、牌、棒与枪、扒,一一学的精熟。"以"十八般兵器"来概况所有兵器,表示兵器之多和种类丰富。

在战争年代和场景中,每种兵器都有自身的功用,在非战争时期,人们用兵器练武强身,此后,军事武艺向民间武术转移,棍演变成一种重要的武术习练器械。

(二)棍的佛教灵气

武术与佛教具有非常密切的关系,最典型的代表是佛教少林武术。少林武术从北魏开始萌生,距今已有一千五百多年的历史。起初,为保护僧院安全,少林寺召集院内组建身强力壮、善用器械的僧人成立武僧队伍。由于封建统治者多喜欢和推崇佛教,少林寺便成为皇家寺院,僧人不断参与政治活动,少林寺担负起

---

① 王震.司马法——武器装备思想研究[J].山东大学学报,2006(4).

保护朝廷的重要责任,由此出现了少林僧兵。

少林棍僧是少林僧兵中非常重要的存在,棍术是少林武术的重要技法内容,在我国历史上,许多重大历史事件都与少林棍有关。

唐武德三年(620年),李世民出击王世充,写信邀少林寺僧参战,僧兵大败王军,王仁则归唐,王世充被困洛阳城。据裴濯《少林寺碑文记》记载:"太宗文皇帝,龙跃太原,军次广武,大开幕府,躬践戎行。僧志操、惠场、昙宗等,审灵眷之所往,辩讴歌之有属,率众以拒伪师,抗表以明大顺,执充侄仁则认本朝。"提到李的军威、少林参战、活捉王仁则、亲自统帅四方面内容。这是民间传说"十三棍僧救唐王"的最早出处,唐王致谢,封少林僧人做官,赐良田,寺题碑,少林寺、少林棍法、少林武术以此扬名。

(三)棍的文学色彩

我国以武术为题材的文学作品非常多,其中不乏对武术棍术的描述,主要是通过文学作品中的人物的棍法技能,来表现武术的棍的文化内涵。

《水浒传》是中国文学名著,作者施耐庵从小习武,对武艺有较深的理解,在《水浒传》中有多处武术用棍的描述,《水浒传》开场讲:"一条杆棒等身齐,打四百座军州都姓赵",从侧面说明了唐宋时期棍棒使用的普遍,军旅中对武将有"枪棒教头"的称谓,民间也多"舞枪弄棒"。《水浒传》中有不少棍棒比武的描写,如短棒、齐眉棍、水火棍、狼牙棒等,不同棍术还有特点招式,棍法成熟。

《西游记》中的主要人物孙悟空,所用兵器就是棍——如意金箍棒,金箍棒在书中被赋予了神圣与灵性,交予孙悟空这一具有反抗精神的斗士,以扫天下污浊不堪,"人因器显,器以人名"。[①]

---

① 蔡宝忠.武术文化[M].北京:高等教育出版社,2011.

第四节　武术文化发展之侠文化与镖行文化

一、武术侠文化

(一)非凡武功传承

在我国古代的文献、史籍中，凡是侠客，必然有过人之处，大多武功超凡，以行侠仗义为己任。

在我国古代，侠客主要有两种，一种是依附权贵的侠士，另一种是游侠。

依附于贵族、官僚为生的剑士，春秋时，墨子门徒多似侠客。陆贾《新语》有"墨子之门多勇士"的说法;《淮南子·泰族训》称:"墨子服役者百八十人，皆可使赴火蹈刃，死不旋踵。"另"战国四君子"，培养门客上千，其中不乏武艺高强、勇力效忠之士，《庄子·说剑篇》中的:"赵文王喜剑，剑士夹门而客三千余人，日夜相击于前，死伤者岁百余人，好之不厌。"

隋唐盛世，任侠之风不减，当时记录和赞扬侠客的资料和诗篇也极多，《旧唐书》记载:刘弘基"少落魄，交通轻侠";《隋书》说刘权"少有侠气，重然诺，藏亡匿死，吏不敢过门";王颎"少好游侠，年二十尚不知书"等。李白的《侠客行》:"十步杀一人，千里不留行"，"纵死侠骨香"，表现了侠客的高超技艺和豪迈性情。

现代武侠小说中，也多有侠客的记载，这些侠客不仅武功高超，也往往是惩恶扬善的典型代表，表明了以武治暴、守信、讲义的狭义精神(见表2-2)。

表 2-2　我国文学作品中的侠客

文学作品中的古代十大侠客		文学作品中的现代十大侠客	
侠客	作品	侠客	作品
林冲	《水浒传》	郭靖	《射雕英雄传》
武松	《水浒传》	张无忌	《倚天屠龙记》
鲁智深	《水浒传》	杨过	《神雕侠侣》
李逵	《水浒传》	乔峰	《天龙八部》
罗成	《隋唐传奇》	黄蓉	《射雕英雄传》
花荣	《水浒传》	小龙女	《神雕侠侣》
燕青	《水浒传》	赵敏	《倚天屠龙记》
杨志	《水浒传》	陆小凤	《金鹏王朝》
展昭	《包公案》	楚留香	《楚留香传奇》
白玉堂	《包公案》	李寻欢	《有情剑客无情剑》

(二)高尚品德传递

1. 信——道德观念

春秋时期,"信"与"侠"同时出现并有机结合。侠者,具有自由的人格特征,才能在契约中表现出责任和义务,司马迁论侠,称赞侠者,重信,不失信于人。

现在,人们评价武时,仍强调"诚信",这种精神在武术文化中得到充分体现,时至今日,守信重诺仍是武德的重要内容。

2. 义——行为准则

侠必称义,义与侠密不可分,具体说来,在我国侠客文化中,侠客行义,包括抑恶扬善、劫富济贫、锄暴安良、打抱不平等内容,也包括为国家、民族献身的崇高思想境界。

侠客,不仅对社会有侠义之气,在对待人物方面,也讲义气,司马迁称:"至如朋党比周,设财役贫,豪暴侵凌孤弱,恣欲自快,游侠亦丑之。"为人要"仗义",对朋友要"义气","义"是联系侠客之间或整个豪侠集团的纽带。

3. 勇——实践基础

孔子云:"仁者必有勇。"清代贺贻孙说:"古今侠烈之士,所以大过人者,则存乎胆与气矣。""义气所鼓,胆即赴之",侠客之勇就是武德中的"见义勇为"。

(三)侠义精神的传扬

我国古代侠客的侠义精神表现在信、义、勇等方面,这种思想道德在世世代代侠客身上流传、弘扬。

从我国先秦时期开始,侠客多出自平民阶层,他们四处漂泊,居无定所,周游列国,行侠仗义。随着朝代的更替,侠客的出身也涉及多个阶层,由此,侠客的称呼多元化,不同称呼的变化在史书或辞书均有相应的解释。清咸丰年间,画家任渭长绘 33 位剑客,这些剑客属于三教九流,有婢妾、和尚、道士、大家闺秀、盗匪、游民等,他们是中国武术的主要载体和媒介。

虽然在我国古代,多数侠客社会地位低下,不为官方认可,但是绝对不能将侠客列为暴民和暴徒,而更多时候,侠客是正义一方的代表,他们受客观因素影响沦为"下民",或本身出身卑微,但却有着民族大义精神。梁启超对侠义精神大加赞赏,在《中国之武士道》一书中称,古代侠义精神表现的主流,就是国家、朋友、职守、承诺、恩仇、名义、道义,凡此种种,都重于生命。

我国侠客的狭义精神流传至今,并与时俱进,始终与主流价值观保持一致,表现了思想上的正能量。

二、武术镖行文化

(一)镖行为拳师们提供了施展武术技能的机遇

清乾隆至道光年间,商品经济飞速发展,资本主义萌芽出现,武术与商业联系得更加紧密,许多拳师成立解决商业运营中的安全机构——镖行,成为重要的非官方实体行业。

武术是镖行得以存在的技术基础。镖行依赖于武术得以产生。许多镖师都是习武的行家里手。例如,在清代形意拳历史中,代表人物有姬际可、曹继武、李洛能、戴奎、李存义等众多名家,他们大多做过镖行中的镖师。拥有武术技能良好的镖师是镖行运行最重要的前提。从实践看,镖师被聘之前就功夫在身,入镖行后,依然是边学边练,不断提高自己的武术技能。

镖行的发展,促进了武术的进一步发展。镖局在为武术拳师提供就业的同时,也保证了人民财产安全,并在一定程度上促进了各地武术的普及与发展。

(二)镖行是武术传播的场所及技术发展的载体

镖行的出现,是为了防止盗贼劫镖。在盗贼劫镖时,镖师和盗贼双方使用武力不可避免,而正是这种武力较量,为不同地区、流派进行武技交流提供了条件。

在我国古代,战乱、灾害时期多有,而且在政风不明时期,也多有冤假错案,因此,一些"流寇""盗贼"中不乏有曾正规习武之人,而且在为人不齿的生活境遇中,也被生存所迫勤练武艺保身。故而无论在镖师中,还是在盗贼中,都不乏武术高超之人,也正因如此,可以将镖行兴衰看成民间武术实用性发展的重要写照。

镖师在押镖过程中,旅途有近有远,有很多机会结交武林同道,异地习武也就成为一种必然。

(三)镖行为各派武术的融合与传播提供了条件

在我国古代,武术传承多为师徒、家庭传承。师徒、家庭传承途径成为主要的传承途径与我国的传统思想有很大的关系。自古中国人的家庭观念较重,重视血缘关系和家族凝聚力。在中国人心中,家庭具有很重要的位置。在古代中国以农耕生活为主的社会中,家庭无疑是中国传统社会的最基本单位,在当时社会的影响下,一个由血缘关系组成的习武群体,以家族长辈的经验认知为主导,这种家庭传承具有很强的文化排他性,在保持了拳种的正宗和传统的同时,也阻碍了与其他拳种的相互交流。

镖行的产生,镖师押运标物在各地通行,异地习武、异地武术交流成为一种常态,这在一定程度上,打破了传统的武术文化的家庭、师徒传承的封闭特点。

随着商业的广泛发展,镖行也走向了全国,各路镖师也在越来越多的危险争斗中声名显赫或悲壮倒下,大多数武术家正是在这种严酷的社会生存环境中逐渐成长、壮大,入镖行走镖直接促进了武术拳师们的武术交流、切磋、争斗。

因此,镖行的出现使武术突破了地域限制,客观上成为武术文化传播的媒介。

(四)镖师们的侠骨义胆与武德得到极致的发挥

习武者,重视武德,并以行侠尚义为美德,对于镖师来说,都是习武出身,自然也需要遵守武德的约束。

在古代,镖行的镖师头领往往不仅是武艺高强者,更是武术界的德高望重者,镖师的声誉,直接关系生计。著名的镖局宁可生意冷落,也不肯受雇为下流娱乐去处保镖,这充分反映了镖师们的高尚气节和自尊自爱。

可以说,镖师行业中的行业道德规范,就是武德的具体表现,因此,镖师们的行业道德和操守与武术的武德是一致的。在镖行文化中,武德得到了进一步升华。

综上所述,"侠"与"镖行"是中国古代社会变迁中出现的两种文化现象。侠客是一种武术与道义、政治孕育的产物,镖行是武术与商业的联姻,但二者都是"正面的形象",是古代文化的主流,在思想道德品格方面,是武术文化在不同群体、不同行业的具体化。

第三章　不同地域武术文化的特点探析

文化具有地域性,不同的地域会产生不同的文化类别,地域和文化之间存在着重要的联系。武术文化是中华民族的特色传统文化,是中华民族文化的精髓。地域武术文化具有鲜明的地域特色,在中国武术的演进过程中,产生了诸多流派,每一种流派因其发源地不同,受到当地自然、人文环境的影响而具有不同的风格特点。我国南北武术具有较大的差异,民间流传着南拳北腿的说法。地域武术文化丰富了武术文化的内涵,增加了武术文化的底蕴,是武术文化科学发展的良性表达。地域武术是中华民族在长期历史发展过程中不同地域间文化交流与民族融合的产物,是一种承载不同武术内涵的文化形态,受到社会的重视。为此,本章深入探讨武术和地域文化的融合,分析地域武术文化的表达,对不同派别的武术文化特点进行剖析,为武术底蕴与科学发展探究提供参考。

第一节　武术与地域文化的融合

我国疆域辽阔,地大物博,民族众多,西部地区有海拔 4 000 米以上的青藏高原,中部地区地势又下降到海拔 2 000 米左右的内蒙古高原等,到东部地区的长江中下游平原,海拔仅有百米。我国东西部地区地势悬殊,分为显著的三个阶梯,南北维度的跨度又达到 30 个,温度、湿度的差异都形成了不同的生态环境,为文化的形成和发展提供了丰富的机会和挑战。

中华民族在这样的挑战中孕育了丰富的地域文化资源,具有地域风情、内容不同的地域文化资源越来越多地受到政府和社会的重视,成为驱动区域经济发展的文化资本和文化软实力。武术文化就是我国独具特色的文化资源,不同的地域环境和地域文化孕育了不同的武术拳种和流派。

一、地域武术文化的概念

人们对地域文化的内涵有不同的认识,有的人认为地域文化就是先秦时期中国不同地区的文化,也有的人认为地域文化是一种具有鲜明特征的考古学文化。地域文化具有广义和狭义之分,广义的地域文化是指不同区域物质和精神财富的总和,从古至今的文化遗产。狭义的地域文化就是专指先秦阶段中国不同区域物质和精神财富的总和。

二、自然环境对武术文化的影响

武术流派的形成和发展受到自然地理环境的影响,自然地理要素包含很多方面,每一种要素对武术文化的影响都不是单独存在的,而是彼此之间相互联系、相互作用。我国经纬度的跨度很大,地理环境的要素也是复杂多样,区域地理环境具有多样性的特点,中华武术文化也呈现出了特有的地域特色。

(一)地理特点

我国南方和北方的地理环境差异巨大,当地人们的生活方式和生活习惯也相差甚远,由此中国武术也形成了南北两个大的派系。我国基本属于一个山地国家,群山峻岭,高山大川制约了武术各个流派之间的交流和融合,这种地理环境形成的天然屏障使得武术文化能够在相对独立的空间中形成和发展,不会受到外来因素的影响而发生变化。

在我国巨大的地理空间内,南北不同的地理环境特点造就了不同内容、不同特点的武术项目,受到地理环境的制约和限制,各个流派都拥有自己独特的技击器械和格斗技巧,武术家和习武人各自具有不同的特点,中华武术文化出现了"南拳北腿"的说法。

"南拳北腿"从宏观的角度体现了南北地域性的差异,主要根据南北方地理形态的不同具有不同的特点。

1. 北方地区

我国北方地区的地理范围包括秦岭-淮河以北、内蒙古高原以南、大兴安岭、青藏高原以东,地形以平原为主,兼有高原和山地,东临渤海和黄海。地势平坦,活动的地理空间广泛,在搏斗和比拼武艺的过程中,双方都有比较充足的回旋空间,经常使用放长击远的腿法,如弹、勾、踹、摆等,套路的动作也显得舒展大方。

在古代,各个族群之间的战事,以骑马打仗为主,注重下肢的踢打作用,武术动作以腿部动作为主,幅度都较大,擅长腾空跳跃,具有"一寸长,一寸强"的特点。

2. 南方地区

我国南方地区属于中国东部季风区的南部,主要包括秦岭-淮河一线以南,西侧主要是青藏高原,东侧和南侧分别濒临黄海、东海和南海。南方地势西高东低,地形特点以平原为主,丘陵交错,水网纵横,具有广泛的南国水乡特色。南方有大片的山地丘陵区,植被茂盛,景色秀丽。

南方地区地势东西差异比较大,东部以平原和丘陵为主,河汊纵横交错,湖泊星罗棋布,我国最大的丘陵就是江南丘陵,南岭地区分布岩浆岩,西部以高原和盆地为主,拥有我国四大盆地之一的四川盆地,世界上喀斯特地貌分布最典型的地区在云贵高原,横断山脉和秦岭山脉是我国重要的地理分界线。

由于地理环境的特殊性,武术技法主要考虑自身的稳固性,不使用大幅度的腿法,所谓"起腿半边空"。步法稳固后才会进行近身搏斗,和对方的距离较近,就需要具备敏捷的身手,步伐小速度快,体现了南方武术快的特点。在古代,战事中较多地采用的是战船和徒步格斗,士兵更熟练上肢的格斗厮杀,为了适应"地无三尺平"的地理环境特点,去除了大量的腿部动作,更加强调下肢的稳定性,打拳时多以前三后七坐马、不丁不八阴阳步为主。

这种步法有助于提升身体的稳定性,利用了双脚的钳缩之力,根据技击中的攻防需要,随时调整为四六步、六四步、七三步,步法变化多端,移动迅速。武术技术中,由于缩减了腿部动作,提高了对拳法的要求。因此南方武术的特点更多地强调手势的变化和身体的灵巧性,从外观上看显得更小架,形成了"南拳北腿"之说。

(二)气候特点

地理环境的气候变化都比较快,对社会以及文化都产生了深刻的影响,在分析自然环境对武术文化的影响时,不仅要考虑山川湖泊等地理特点的静态空间组合,还要考虑自然环境中最活跃、变化最多的气候因素。

1. 北方地区

我国北方地区属于温带、亚热带季风气候,一年四季气候分明,夏季高温多雨,冬季寒冷干燥。北方地区年降水量在 400～800 毫米,主要集中在 7、8 两个月份,有时会出现暴雨,河水暴涨,泛滥成灾,但是春季又比较少雨,常有干旱。

生活在这里的人们,需要经常和恶劣的自然环境做斗争,具有坚持不懈、顽强拼搏的意志品质,北方气候变化不是非常剧烈,人们的言行举止也更加豪爽、直接。

北方的拳种呈现出的特点主要是简练大方、朴实舒展、行健遒劲,风格上多劲力迅猛、势大力沉、放长击远,"拳打三分,脚踢七分","手是两扇门,全凭腿打人"就对腿法进行了生动的概括和归纳。

2. 南方地区

南方地区以热带、亚热带季风气候为主,夏季高温多雨,冬季温和少雨,热带季风气候全年高温,分为旱雨两季。南方的降水量可以达到800毫米以上,山地迎风坡的降水比较多。东部沿海地区夏秋两季会受到台风的影响,冬季气温在0℃以上,云南和台湾南部以及海南温度都会在15℃以上。南方地区会受到夏季风的影响,雨季长。

南方俊丽的锦绣山河以及温暖湿润的气候,生态环境适宜人类居住繁衍,这种条件下孕育和滋养了南方特有的武术文化。南方人的性格特质像南方的气候一样温婉大方,心思缜密,南方人更善于观察细节。南方气候湿润多雨,造就了南方武术的风格为手法灵活多变,刚劲有力,拳势劲悍,伴有发声吐气来助长发力。

三、人文环境对武术文化的影响

(一)中原文化

中原地区主要是指以洛阳至开封一带为中心的黄河中下游地区,中原的本意是"天下至中的原野",成为华夏文明和中华文明的发祥地,是华夏民族的摇篮,被看作天下的中心。伴随华夏文明的发展和融合,中原文明开始逐渐向东扩张,形成以中原文化为核心的汉族和各民族之间的交流。

中原地区是中国建都朝代最多的区域,古都在全国也是最多的,建都的历史最长。中原成为了中国政治、经济、文化和交通中心,自古就有"得中原者得天下"的说法,逐鹿中原,方可鼎立天下。

中原地域文化主要是指黄河中下游的广大区域,包括了黄河流域的关中文化、与齐鲁文化相对应的范畴文化。在这里生活的人们,民风淳朴,性格坚毅,一直盛行习武之风,千载未衰。天下功夫出少林,少林武术就是在古老、深厚的中原文化沃土中孕育而生,少林成为了中国武术的象征,成为了中原文化和中华传统文化的标签。

少林精神是中原文化的结晶,代表了正义、无畏、忠烈,少林武术传承了中原文化区域的儒家、道家和佛家的文化精神,以武术的视角诠释了中原文化儒释道并存、互补的鲜明文化区域特色。

中国最早、最优秀的一项民间体育活动就是少林拳,发源于河南嵩山少林寺而得名,也被称为少林武术。少林武术来源于中原地区的民间武术,在汉代早期,中原地区的武功已经发展到了比较成熟的阶段,在行气、导引术方面都积累了较为丰富成功的经验。

少林寺的高僧大多也来自中原地带,有的人在出家前就已经练就了一身的拳脚功夫,进入少林寺后,之前练就的武功成为了日常健身强体的重要方式,还可以保卫寺院的安全,一些人还会相互切磋武功,最终形成了少林拳法的套路。

少林武术坚持兼收并蓄,历代少林寺法师和弟子都坚持不断地学习,在吸纳民间武术文化的基础上,长期修禅、习练,不断积累提高,最终形成了具有自身特点的少林功夫。少林功夫是古代武术的精华,构成了风格突出、自成一派的武术体系。

河南温县陈家沟人创立的太极拳也是中国武术文化中的重要流派,刚柔并济,以强身健体、修心养性为主旨,将太极拳推广到五大洲,成为上亿民众生活的重要组成部分。

(二)荆楚文化

荆楚地区位于湖北省中南部,地处长江中游和汉水下游的江汉平原腹地,荆州又称江陵,是中国首批公布的24座历史文化名城之一。荆州的历史非常悠久,集中了楚文化和三国文化,自古以来就是兵家必争之地。这里居住了较多的少数民族,是一个民族聚居区。从文化形态学的视角看,中原华夏文化与南部少数民族文化融合发展,具有鲜明的特征。

气候特征多变,具有独特的地质地貌,朦胧的云汽水雾和楚人的餐风雨露,培养了楚人"信巫鬼,重淫祀"的特点,经常幻想,善于深思。因此,南方的哲学家、思想家在思考问题时,不会受到时间和空间的限制,最具有代表性的就是老子和庄子。

以老子和庄子为代表的道家学派将表达道作为文化的根本目的,道本来就是不切合实际、虚无缥缈的一种思想境界,为了体现道,将它展示出来,就要通过一种上天入地、放荡不羁超现实方式来实现。以此为基础,形成了武当武术门派,要想了解武当文化,就要首先认识荆楚文化。

在荆楚文化中,老庄的道家哲学成为了重要的文化代表和象征,道教注重清静无为,追求养生之道,主张贵命重生,更加重视修身养性,通过静养的形式表达了对美好生活的向往,探讨了生命活动的意义和规律,以达到纯任自然的客观印证,希望长生不老。

荆楚文化孕育的武当文化,具有非常强的代表性,道教在探索生命的意义中产生了武当武术,道教修身养性的动功技术综合形成手战之道。武当武术理论的核心是道教的阴阳消长、八卦演变,人们练习武当功夫可以调养生息、调整心态,强健身体,武当和中原地区偏向技击特点的少林功夫不同。

(三)巴蜀文化

巴蜀地区位于我国西南地区,大致包括川、渝及其附近地区,主要居民是汉族,巴蜀地区、汉中地区和关中地区在中国古代都是封建王朝的必争之地。

巴蜀文化就是古代以巴蜀地区为核心的文化,当代以四川地区为中心的文化,我国地域文化中巴蜀文化占有非常重要的地位,因为其具有奇绝的山川和秀丽的环境,巴蜀地区具有独特的文化特点。巴蜀武术是中国三大武术流派之一,内容丰富,技艺精妙,文化色彩神秘。

四川有"天府之国"的美称,经济和文化都发展得比较早,和北方一直有着密切的联系,历史上人口迁移的大部队中就有很多人来到四川,带来先进生产技术的同时,也将少林拳法带入四川。

四川民风勇悍,具有斗争精神,习武的热情堪比中原区域。

峨眉武术就是在四川民间拳术和少林武功相互融合发展基础上形成的。在我国的地域文化中,巴蜀文化具有广阔的包容性,可以吸收不同的地域文化,同时又具有自身独特的民族主导意识,海纳百川,豁达包容,在不断汲取外来文化精髓的基础上,打造出属于巴蜀情调的文化区域。

峨眉武术的起源和发展与峨眉山的佛、道文化密不可分,在佛道两教陆续传入四川后,僧人和道人在参禅静坐、念经拜佛之余就会舞枪弄棒,主要是为了锻炼身体,保卫家园。平时的参禅打坐正好培养出深厚的内力,僧道两家相互切磋较量,取长补短,时常会创新出新的"招数",逐渐发展成为独特的峨眉武术。

峨眉武术集合了佛家和道家之所长,不仅吸收了道家的动功,也吸收了佛教禅修的静功,形成了动静结合的练功方法。这种方法将拳术、器械、散打及气功结合在一起,构成了庞大的峨眉派武术体系。

四、地域文化和武术的融合发展

(一)地域文化是武术发展的文化基础

地域文化属于一种区域文化,在一定的范围内影响着人们的生活和生产,人们的生活方式受到地域文化的影响也直接作用于武术的发展。生活在同一个地理空间中的人们,具有共同的生活习惯、文化风俗、宗教信仰,在这个区域内产生的武术也就具有共同的文化基础。

北方地区,面积大,人口少,气候干燥寒冷,因此,这个地区的武术以腿法为主。而南方,面积小,人口密集,气候湿润多雨,这个地区的武术就以拳法为主。

(二)武术丰富了地域文化的内涵

地域文化属于地理人文学科,研究人类文化空间的组合,与文化地理学有共同之处。但是地域文化和地理文化也有不同之处,文化地理学研究的重点是地理学,以此作为中心展开讨论,这其中"地区"就具有很强的地理学含义。地域文化以历史地理学作为重点展开讨论,地域是指古代沿袭或俗成的历史区域。

地域文化和地理文化最重要的区别就是历史痕迹和烙印,文化底蕴和所涵盖的范围比区域文化更多、更广。很多学者也发表相关的学术文章,对地域武术文化进行研究,探讨了武术和地域文化融合发展的过程,单一的地方拳种已经上升到了武术和地域文化的理论结合。

21世纪是武术文化发展的高峰期,地域武术文化发展也同时进入了新的发展阶段,文化是历史"濡化"的过程,在此期间,武术文化和道家、儒家、佛教哲学思想、传统医学、兵法等都产生了一定的关系。

如果只是从技术角度诠释武术文化具有一定的局限性,地域文化可以从各种角度分析研究对象,突破了学术方面在地域武术文化研究的禁区。分析某个地区的拳种文化和技术,就可以从地理、出土文物、风俗等方面进行综合性研究,能够较全面地体现事物的客观现象,为地域武术文化特色提供了重要借鉴。

文化在发展过程中肯定会受到来自异质文化的阻滞和碰撞,但是武术文化的开放性将武术传播到全世界,让全球更多国家的人们接触到武术,感受武术的魅力,了解武术文化,进而促进文化的共享。

第二节　地域武术的文化表达

一、地域武术文化的起源和发展

(一)地域武术文化的起源

人们从20世纪初就开始研究地域武术文化,武术史学考证拉开了研究序幕。

20 世纪 20 年代，以唐豪先生为代表的个人性质的武术史学考证是较早开展对地域武术文化的研究，《少林拳术秘诀考证》是他重要的著作之一，另外还研究了太极拳源流和拳谱的系列考证论著。研读唐豪的论著，会发现他的研究材料充实，论证严谨，结论公允，为武坛扬弃附会玄虚之说提供了依据。

唐豪的开拓性研究，为后人研究拳术源流的方法提供了参考，研究武史提供了文献依据，为现代武术史学科奠定了坚实的理论基础。

（二）地域武术文化的发展

1987 年，习云太专著《中国武术史》由人民体育出版社出版，对我国武术史学研究进行了比较好的验证和总结。

20 世纪 80 年代，政府开始重视对地域武术文化的研究，组织全国武术的传承人、研究学者、社会团体对地域武术文化的相关资料进行挖掘和整理，为今后地域武术文化研究奠定了基础。

1983—1986 年，政府成立了原国家体委武术挖掘整理领导小组，在领导小组的统一部署下，全国各地的武术挖掘组织积极开展整理工作，先后有 8 000 余名专职武术工作者和业余爱好者参与到此次工作中，耗资 100 多万元，重点开展普查武术家底，抢救武术文化遗产的工作。这次行动是我国武术发展史上具有空前规模的一次抢救工作。

随着全国武术挖掘工作的全面铺开，地方性的武术学术活动已经全面启动，1987 年福建省武术协会召开了首届武术学术研讨会。各地武协举办武术学术研讨会，建立武术文化博物馆，举办丰富多彩的武术文化节，举行武术展览表演等品牌活动。

我国武术拳法种类繁多，共有 129 种，多种多样的武术拳种具有不同的特点和风格，带有鲜明的地域特色，自然地理环境和人文环境的差异都决定了武术的自然适应性和多样性。武术拳种的丰富多样决定了我国武术文化的博大精深，地大物博的自然资源是地域武术文化丰富多彩的重要源泉,地域性可以说是武术及武术文化的重要特性。

武术门派分类很多,按照地理环境主要分为南派北派,按照地域分为黄河派和长江派,按内外家分为少林与武当。研究武术如果不考虑地域特点,那么就会忽略武术拳势大而重、进退奔驰的北派风格,忽视动作小巧、招法多变的南方技法特色。

二、地域武术文化相融合的特征

武术与地域文化融合发展,地域武术文化具有自身的特征,主要体现在五个方面(见图 3-1)。

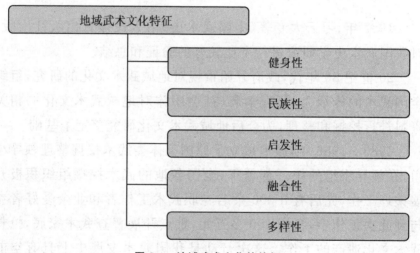

图 3-1　地域武术文化的特征

(一)健身性

武术最基本的功能就是健身,特别是在冷兵器时代结束以后,更加突出了这一功能。在现代社会,人们树立了主动参与体育健身活动的意识观念,武术的基本价值也越来越明显。武术动作复杂多变,注重对手、严、身、形的配合,精、气、力的汇聚,意与气、手与足、肩与胯等的协调。

武术动作的幅度一般比较大,身体需要具备良好的柔韧素质,每次出拳或出腿都会牵动到与之相连的肌肉和韧带,武术中的器械练习对身体的协调性提出了更高的要求。人们练习武术,可以提高各个肢体部位的力量,加强肢体的柔韧性和协调能力,使身体素质和机能能够均匀全面发展,最终达到强健身心的目的。武术练习还可以调节机体的心血管系统、呼吸系统、消化系统等功能,身体更加健康,起到延年益寿的作用。

武术文化的基础是中国传统文化中普遍和谐的法则结构,包括人与自然和谐、人与人的和谐等,武术文化的价值注重自我身心的内外和谐以及人与自然的和谐,最终达到身心统一的境界。

武术的技术范畴体现了由内而外、人与自然和谐相处的精神,体现在套路中就是眼随手动、上下相合、躯干与四肢的协调配合,最终达到周身和谐的高度。武术中太极拳的练习更突出了身心合一的境界,人和自然和谐共存,武术文化的这些特征恰恰可以成为武术发展的动力。

(二)民族性

地域武术文化以攻防格斗的人体动作为核心,属于一种人体文化,在地域文化心理结构的引导下,体现了地域文化在武术运动方面的特性。地域武术文化具有深刻的文化内涵,包含了武术行为的指导思想、力学原理、意念体系、武术门派等方面。地域武术文化直接反映中华民族传统文化的核心内容,体现了中国传统文化与地域武术文化的共性,展示了武术本身所具有的独特价值。

武术文化具有体育文化的一般属性,具有鲜明的民族特点,带有强烈的民族气息,具有深刻的民族观念,直接反映了中国传统文化,是历史发展的创造物,体现在生命体上就是拳脚攻防动作程式,这些动作作为一种符号的形式表现出来。

动作符号是一种肢体语言的表达,反馈出习练者的情绪状态,可以产生长远的功效。符号在传播扩散过程中,形成了横向和纵向的传播效应,利用这种自然力,获得自身生存发展的需要,就是武术的本质内涵。

在我国古代，人们坚持不懈地和自然进行着斗争，或是为了生存或是为了防身自卫，武术在这个过程中逐渐形成。伴随生产力的发展进步，人们也具备了丰富的生活经验，对很多过去不能解释的自然现象、天文地理都获得了科学的认识，提出"太极、阴阳五行学说"，人是统一的整体，人与自然可以合为一体，不要逆势而为，按照自然界的发展规律，科学地发展武术。

在武术理论中非常重视人体精、气、神的修炼和相互联系，精是一切事物发展的根本，气是事物的载体，神就是人的一种外在表现。武术在习练的过程中要坚持内外兼修的原则，武术各种功能都具有鲜明的民族特色，如强身健体，康复保健等。

（三）启发性

武术在中国传统文化中具有深厚的文化内涵和民族特色，具体表现就是尊师重道、刻苦努力等，特别对未成年人来说，最先接触到的对他们思想的形成就最先有影响，具有牢固、耐久的文化基础，会产生较为深远的影响。

武术文化中优秀的传统文化思想可以使人们树立健康的生活理念和正确的思想道德观，提升青少年儿童的思想素质水平。武术文化在习练的过程中可以慢慢领会，一招一式的肢体变化，反映了人们的思想、意念、方式、手段等。

武术文化已经逐渐深入人类文明发展之中，弘扬武术文化和民族性特征可以培养民族的自强精神，加深青少年群体对民族优秀传统文化的认同感，增强民族自信心，青少年在武术文化的熏陶下获得精神升华，激发他们学习武术的热情。

（四）融合性

当今社会经济快速发展，政治交流频繁，文化相互交融发展，文化成为综合国力竞争的软实力，东西方文化发生剧烈的碰撞和交融，在全球文化高度竞争的背景下，国家大力推广武术，一方面是为了顺应文化大发展大繁荣的要求,另一方面是为了传承我国优秀的民族传统文化,缩小我国和世界文化的差距,坚持自身的民族特点,体现出中国特色。

为了保证武术能够走向世界,对武术进行了一定程度的创新,使其更加顺利向世界范围内传播,促进东西方武术文化的交流与沟通。构建中国传统武术文化的内涵体系,保证武术文化所具有的文化特质和内涵。

武术在向世界传播发展的过程中也会受到外来文化的影响和碰撞,这就需要提升武术的融合性,将武术推广到全世界,让更多国家的人认知中国武术,了解武术文化,促进文化交融。

(五)多样性

地域武术文化主要在技术风格和文化内涵上各不相同,地理环境的差异形成了不同地域风格的武术文化,地域武术文化内涵丰富,使得武术文化具有多样性。地域武术文化按照地理位置的区别分为南北派别,各自具有不同的特点,主要原因是南北方地理环境及人的思维体质和气质的不同。

文化适应是一种社会实践活动,每个地域的经济、政治、文化不同,武术文化的内容就会呈现丰富多彩的特点,具有不同的文化适应,其与社会经济发展水平状况相适应。社会发展的总体水平和政治、经济、文化等因素融合,受到地理环境的影响,武术文化呈现出多种多样的特性。

三、地域武术的文化发展表达

(一)地域武术文化是一种历史积淀

文化是一种历史的沉淀,在武术漫长的文化发展过程中,武术文化发展的内涵和外延不断充实丰富。我国古代典籍中最早出现和武术有关的内容是在《诗经·巧言》的诗句"无拳无勇"中,之后的"止戈为武"出现了"武"字,"偃闭武术,阐扬文令"首次将武和术结合在了一起。汉代称为武艺,民国称为国术,1988 年在亚洲奥林匹克理事会执行委员会议上正式将武术确定为奥林匹克运动的法定用语。

可见中国武术具有厚重的历史沉淀和绚丽的文化色彩,概念是反映对象的特征或本质的思维形式,在不同的历史阶段,武术的概念也在不断演变发展,一方面丰富了武术文化的内涵,另一方面延伸了其外延范畴,可以通过武术的功能和价值体现出来。

1998 年国大百科全书出版社出版了我国第一本国家级武术专业百科辞书,其中对武术的功能进行了深入的研究,将武术的功能划分为四类,即健身、陶冶、审美、防身。

(二)地域武术文化借助科技传播

18 世纪英国爆发了工业革命,人类社会进入了高速发展时期,现代化进程加快,特别是第二次世界大战爆发以后,出现的现代科技革命以物理学革命为序幕,对社会的现代化发展产生了深远影响。科技的发展,加速了不同文化之间的融合发展,促进了"文化年轮"的日益增长。

随着 21 世纪信息时代的到来和竞技武术"三次融合"的发展,传统武术的传播和发展出现了一定程度的落后,虽然传统武术得到了一些武术协会的支撑,会定期举办武术交流会,如国际太极拳年会、少林武术节等,但是对于百余拳种和流派的庞大武术体系来说,这样的传播不能满足其发展的需要。

继承和发扬传统武术,利用科技的便捷便利将蕴含在传统武术中的历史文化信息传播出去,让更多的人看到、听到,并且参与其中,这将成为一个巨大浩瀚的民族工程。

(三)地域武术文化新的表达模式

从社会学结构功能理论的角度看,任何事物功能的良性发挥都离不开合理有效的运载结构实体,传统武术从"礼俗社会"和"法理社会"发展而来。进入 21 世纪后,应该从原来的传统宏观平面研究转换到具体的微观视角研究,有助于推动和促进传统武术文化的发展。

"中国式"武术文化由"地域式"武术文化替代,形成一种新的研究模式,传统武术历史与文化信息由若干地域武术文化研究的结构组成,对"地域式"传统武术文化的深入研究,推动了传统武术文化的深入开展,为传统武术文化的后续整体系统研究提供了强有力的实证和理论依据。

要在科学分析的基础上表达武术的历史与文化信息,也就是正确的历史观、唯物观,去除传统武术文化中的糟粕,保留传统武术文化的精髓。从社会学的角度看,人们为了控制自己在别人眼中的印象,通过言谈举止、服饰穿着等来表现,一切活动中个人行为的目的都是给别人留下好的印象。

传统武术历史与文化信息的表达,是人们通过运用各种"武术科学研究",主动向世人客观地展示传统武术文化中的精华,给人们留下传统武术悠久浓厚的历史文化印象,建立传统武术的良好形象,从而实现传统武术文化的良性表达。

四、不同地域武术文化的表达策略

(一)黄河流域武术文化表达

1. 少林武术文化表达

纵观竞技体育的发展可以发现,要想推动一种运动项目的发展,就要通过举办竞赛的方式,少林武术就被确定为一种竞赛项目,为少林武术的文化表达提供了途径和发展契机。通过对少林武术的深入研究,吸取现代竞技体育的研究成果,构建少林武术的科学训练体系,完善竞赛规则,增加裁判评分的科学性和公正性。

《全民健身计划》发布并实施后,我国群众体育的社会化进程加快,体育协会成为了组织开展群众体育的有效形式,大力发挥少林武术协会的重要作用,协会定期组织群众参与少林武术的学习,选派专业的体育指导员对群众的学习进行指导,组织会员之间的交流和比赛,壮大少林武术习练群体。

注重对少林武术健身的理论研究,制定科学有效的健身方法,创新编排动作,便于群众日常练习,更加有利于推广传播,使少林武术更好地服务于人类健康。

当前科技高速发展,不仅注重对传统产业的改造升级,降低了自然资源的价值,提高对资源的利用率,而且大量新兴的产业诞生,在社会发展过程中体现了重要的作用和意义。新时代,少林武术朝着产业化方向发展,更多地依靠科学技术传播推广。

少林武术产业的发展主要集中在外显层的武术旅游与武术馆校,竞赛表演业、武术用品业、信息服务业等,这些产业目前还没有形成一定的规模,少林武术产业的科技含量将不断提高,不断出现新型知识型产业,这将改变目前少林武术产业的结构组成,未来少林武术产业的重点将是教育产业、武术用品业、旅游业、竞赛表演业等,产业结构逐步趋于优化。

2. 太极拳文化表达

太极拳文化表达是太极拳的文化主体,奠定了太极拳文化的基础,太极拳文化的传承表达需要积极创新,事实上,传统太极拳的文化的表达过程就是创新的过程,出现了不同门派的太极拳,赢得了武术爱好者们的喜爱。

太极拳文化的传承需要不断地创新,没有创新,太极拳文化将丧失发展的活力,自觉把创新方式融入体育整体发展的大环境中,在继承中实现创新,顺应时代潮流的发展,将中国传统武术的文化内涵、哲学思想与体育精神融合在一起,让太极拳活跃在体育的大舞台上。

太极拳健身的重点是以意识为主导,以意导体、以体导气、以气领形,属于一种抽象思维。由于人们的认识能力有限,民间的太极拳通常包含了封建的玄学色彩。太极拳健身注重对点刻板的逻辑对应关系,缺少各个学科之间交叉的作用机制,使得太极拳健身与时代出现"代沟"。

中国武术最传统也是最主要的传播方式就是师徒传播,身教重于言传,练习者需要具有一定的悟性,通过身体力行,自己体悟其中的奥秘。这一特征就使得练习者不能在短时间内掌握太极拳的运动规律,加大了学习的难度。

科学的太极拳研究从解剖学、生理学、心理学等不同学科角度进行深入,解释了太极拳运动特有的健身成分,完善健身太极拳体系,健身太极拳的科学化是其大众化的基础。

3. 形意拳文化表达

目前,社会对现代形意拳的需求是技击技术的健身化,人们学习形意拳更多的不是为了自卫防身,而是想要强身健体,为了让形意拳文化能够广泛传播,就要走健身化的道路。形意拳本身就具有重要的健身功能,注重发挥其健身功能,更有利于形意拳文化的表达。

可以通过举行形意拳演出活动,扩大其影响力和关注力,技术输出为形意拳的国际化注入了活力,派遣我国形意拳方面的专家学者到国外进行授课培训,传播和推广形意拳文化。

创新编排形意拳的内容,使其更加符合大中小学生的体育教学需要,在学校体育课程中引入形意拳的内容,制定明确的教学大纲,选择合适的教学方法,向广大青年学生传播形意拳文化。

2001年,山西省率先设立形意拳班,2007年在全国武术教材工作会议上,形意拳的专家提出将形意拳编入教材的大胆设想,2017年江苏省武术协会武术队赴美国进行武术展示和教学交流活动,使中国武术走进了美国校园,形意拳的技术精髓和文化可以引入学校体育教学。

(二)长江流域武术文化表达

1. 武当武术文化表达

武当武术的文化表达需要政府相关政策的引导与扶持,在具体操作实施过程中,政府要坚持四个基本原则:一是集中解决制约武当武术文化自主创新的主要政策;二是经济政策和科技政策相协调,形成推动自主创新的政策合力;三是将各种政策相结合,引导创建武术馆校等企业,使其成为技术创新的主体;四是使政策更具有操作性和实践性,力求快捷、有效。

当前大众传播媒介缺少对武当武术的关注,广大人民群众对武当文化不是很了解,武当武术文化的表达需要提高媒体的关注度,树立武当武术品牌文化,大众和媒体缺乏对武术品牌的关注主要是因为没有吸引眼球的活动或比赛,没有可以引发关注的亮点。因此,武当武术品牌活动应该多邀请媒体行业的人员走进武当,了解武当文化的精髓,才能更好地宣传武当文化。

武当武术品牌拥有丰富的文化内涵可以去挖掘,媒体可以从很多角度去报道和宣传。从网球在我国的发展就可以看出,以前网球在我国并不流行,近几年非常流行的原因主要是李娜获得大满贯后引发了大众对网球的高度关注。一提到李娜,大众就会联想到网球,这就是明星效应,武当武术的文化宣传也可以利用明星效应,塑造武当的明星,通过明星聚焦媒介的关注度,提高武当武术品牌的话题性,扩大自身的影响力。

2. 峨眉武术文化表达

峨眉武术发源于我国西南地区这一特定地域范围内,体现了长江流域武术文化的特征和精神内涵。峨眉武术在发展过程中受到自然地理环境的影响比较深,地域文化特征渗透在峨眉武术套路、功法、实战等各个方面,峨眉武术的外在表现形式体现了地域文化的独特魅力。

峨眉具有优秀的武术文化内涵,包括武术套路、器械、练功功法、技击,是中国传统文化的优秀遗产,峨眉武术列入非物质文化遗产后,峨眉武术更具有了独特的文化价值和内涵。例如,耳熟能详的"峨眉派",声名鹊起的"峨眉枪",峨眉武术已经成为四川武术的品牌代言。

峨眉武术的品牌价值成为了峨眉武术未来发展获得市场资源优先分配的强大武器,是长江流域武术文化表达的重要途径,峨眉武术品牌建设将成为峨眉武术文化表达和享有强劲竞争力的有效载体,具有更广泛的影响力,更强的竞争实力。

尽管峨眉武术的文化表达上升了一个层次,但是峨眉武术依然处在濒危的状态,在这种情况下,更要注重对传承人的保护。传承峨眉武术文化迫在眉睫,构建系统的峨眉武术文化体系,充实峨眉武术文化的内容,培养文通武备、练打结合的接班人,使峨眉武术文化得以延续和传承。

建立服务于区域经济发展的"峨眉武术产业"品牌,形成峨眉武术产业提升地区声誉,峨眉武术是一种具有特色的文化资源,和其他发展要素一起,塑造了特色武术产业。峨眉地域武术文化资源可以转化成文化资本,组合形成地方文化产业、休闲健身产业等,起到关联带动作用,影响区域产业结构的变化,发挥峨眉武术的文化价值。举办类似"中国·四川国际峨眉武术节"等重大活动,大力发展武术文化产业,打造峨眉武术品牌,得到相关部门的重视和认可。

(三)珠江流域武术文化表达

珠江流域具有代表性的武术就是截拳道,李小龙独创的截拳道具有较强的实战效果,将中国武术与其他搏击术有机结合,兼收并蓄,截拳道练习过程的核心就是创新,只有创新才能保证截拳道文化的生命力。

李小龙主演的功夫电影在西方社会文化中风靡一时,在很多外国人的思想认识中,功夫就是中国武术,李小龙所创立的截拳道为中国功夫的国际传播做出了不可磨灭的贡献。

第三节　不同派别武术文化特点剖析

一、北派武术文化特点

（一）少林武术文化特征

少林武术总的特点就是刚劲有力，多样变化、朴实简单，便于实战。少林武术的动作和套路注重动静结合、阴阳平衡。少林武术在技术上更偏重实力，硬攻直进为主。并不刻意美化外表形态，非打即防，具有技击性，少林武术表现出了五种特有的文化特点。

1. 朴实简单

习练少林武术的主要目的是强身健体、自卫防身、保卫寺院，每招每式都建立在实用的基础上，每一种套路自始至终都体现了实战的要求。练习的过程朴实简单，没有过于花哨的招式。在实战对抗中，除了要击打对手，还要做好防守，真正做到攻防兼备。

例如"少林小洪拳"中的一个招式"白云盖顶"，右掌架在头顶上方，是为了保护自己的头部不被对手攻击，左手向下、向外撩打是为了攻击左侧的敌人。可见，少林武术的招式中并不掺杂华丽多余的动作，哗众取宠，动作都是短小精悍的风格，"行如猫、抖如虎、动如闪电、声如雷鸣"，进退有度，一气呵成。

2. 禅拳合一

少林功夫受到宗教信仰的影响比较多，招式之中体现着佛教的哲学思想，少林武术文化的重要特点就是禅拳合一，修炼少林武术可以达到三种境界（见图3-2）。

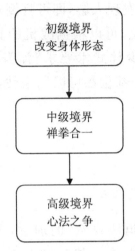

图 3-2　修炼少林武术的境界

3. 刚柔相济

少林功夫主要讲究的是刚劲,它的外在表现形态就是硬,出招硬、下手猛,只有这样才会具有较大的杀伤力,如大洪拳的轰手、炮拳的崩捶等,都展现出了少林武术的刚劲力度。当然,少林武术并不全是刚劲,还有柔中带刚,刚中有柔,刚柔相济。在对抗的过程中先刚后柔,或先柔后刚。出招时发力迅猛,刚柔并济。

4. 套路短

少林功夫套路短,整个套路的时间也较短,每个套路大概包含 36 组动作,组合招式严密紧凑,练习者在练习的过程中能够聚合全身的能量,做到一气呵成,每个招式功夫都可以做到位,如手、眼、步、精神、气等,解决了由于套路过长而导致的体力不充足,敷衍完成的问题。

5. 出招快

少林武术出招速度快,在对手还没有来得及反应的情况下就已经出奇制胜,速度越快也就越精妙,收招的速度也很快。"打人不见手,见手非为能"就生动地展现了少林武术的快,出手收招的速度之快，都让人没有发现人影，即可打倒对手。

少林武术招式多变，可以根据战机的具体状况手脚并用，拳掌齐到，实战过程中，少林武术要求"浑身无处不是拳"，头、肘、臂、胯、膝等身体的各个部位都可以用来技击，在应用的过程中要注重互相协调配合。

（二）太极拳文化特征

1. 人与自然的和谐共处

太极拳遵从的是"道法自然"的理念，人本身是"小太极"，大自然是"大太极"，特别是在自然环境中练完一套太极拳后，感受温暖的阳光，呼吸新鲜的空气，聆听林间鸟语，身心都处于完全放松的境界，没有约束和牵挂，动静作势，开阔心胸。

不用过多地关注蹬腿有多高，架势有多低，姿势是否规范符合要求，顺着自然、天人相通的理念去行拳走势。将身心都放置在自然之中，达到与大自然的融合交流，天人合一，生生不息，培养人对自然的热爱之情，忘却生活、工作、学习中的压力和烦恼，身心都达到恬淡自然的理想境界，使心情更加舒畅，使浮躁的内心得到安抚，安静放松地享受自然，有利于身心健康。

2. 人与人和谐相处

当今社会经济快速发展，竞争日趋激烈，社会生活的节奏加快，特别是科学技术的发展，人们的生活中充斥着各种电子产品，人与人的关系逐渐疏远冷漠，缺乏语言沟通和情感交流。网络环境中也充斥着各种负面信息和能量，比如暴力、色情等，人们的生活不再像过去单一枯燥，不断接受着各种不同信息，人和人之间的关系也不再单纯，明争暗斗、嫉妒、攀比等，让人们生活的压力越来越大。

人们在工作之余的时间，会选择不同的运动方式，练习太极拳已经成为了一种新兴的时尚健身方式。伴随着柔美的音乐，人们舒拳走势,两两推手"随曲就伸",在"沾连粘随"中加强了人与人之间感情的沟通和交流,拉近了人与人之间的距离。

当一种全新的技术投入社会中,人类必然会产生一种加以平衡的反应,就是高情感活动,太极拳作为一种静心养性、动静结合的运动手段,就是一种"高情感"活动。特别是退休后的老年人,能参与的娱乐活动较少,可以创建一个练拳、交流的场合,拳友之间相互尊重,其乐融融。

太极拳的运动风格绵缓斯文,可以很自然地树立人与人和谐相处的理念意识,不少发达国家中的太极拳习练者共同练习交流,大家不争夺名利,欢聚一堂,共同放松身心。

3. 融合人生哲学

太极拳在习练的过程中要求追求整体上的和谐,身步、手眼,处处都体现出和谐统一,正所谓"终身不尽之艺",也就是现在所提倡的"终生体育"。太极拳非常有益于老年人的身体健康,不仅可以锻炼老年人的身体机能,还可以消除老年人的寂寞和孤独感,丰富老年人的退休文化生活,在练习中感悟人生。

太极拳和其他拳种的区别所在就是更加重视养气,以"虚灵之心,养刚中之气",在我国传统的思想观念中认为气是生命之源,养生的目的就是养气,养气的前提是修心,修心的基础是修德。人不要过多看重利益和钱财,才不会被金钱和权力诱惑所困,深陷其中不能自拔,通过练习太极拳,放松自我,养好精气,使人的心态淡泊宁静,使精气浩然和平。

太极拳就是通过绵缓不断的运动形式,将人的生理机能、心理素质、人生哲学综合联系在一起,相互作用,共同调整人的心态,延年益寿,将生活情趣融为一体,展现了太极拳对人体的特殊功效。

(三)形意拳文化特征

1. 套路单一

形意拳的主要动作是模仿一些动物的捕食和自卫的动作,

"象形而取意",如虎、马、鹰等,山西、河北两派更多的会用到拳和掌,河南派更多的是用到中节、根节的作用,采用肘、膝、肩、胯的动作来打击敌人。

动作整齐统一,练习简单便捷,注重快攻直取,风格雄浑质朴。形意拳的套路是单练式,相同的动作左右互换,需要坚持不懈地练习,每一动作不断重复,通过日积月累,一旦遇敌,形意拳从速度、力量上都可以给对方以打击。

2. 重拳取胜

形意拳的技击原则是后发先至、抢占中门,"练拳时无人似有人,交手时有人似无人",交手的过程中"拳打三节不见形,如见形影不为能"。形意拳可以在短时间内牵制敌人,在敌人进攻的时候,并不需要刻意应对,仅仅只需要给对方致命打击,就可以获得胜利。

在清代末年,很多形意拳的高手取胜主要是靠一记重拳,力量大的重拳可以将敌人打飞,"神拳"李洛能将形意拳的一步杀改二步,一拳将对手击飞然后接住,最后再一记重拳将强敌击毙。形意拳的门规非常严苛,对于忤逆不孝、视财如命、贪酒好色的人都不能收为徒弟。练习形意拳的人,要求待人平和,不能惹是生非,更不容许卖艺。

3. 劲力充足

形意拳是道家拳派,注重训练内功,通过意念激发身体的最大潜能,以气催力,接触到对方的瞬间爆发出积蓄的能量,肘部要保持弯曲,缩短了出拳的距离。形意拳具有非常强大的穿透力,可以直接给对方的内脏器官造成伤害。

形意拳劲力充足,动作简单,更有利于实战,形意拳的弟子一般不敢轻易出手,顺应了武术的发展潮流,传播推广得较快。拳系的历代传人思想都比较开放,注重进行理论研究,形意拳和太极拳一样都具有一定的文化优势,彰显出了旺盛的生命力和较高的传播价值。目前保存较为完整的武术拳种是形意拳,具有简朴、纯厚的文化特征,受到大众喜爱。

(四)戳脚文化特征

戳脚注重突出腿法,动作舒展,具有鲜明的攻防特点,架势比较大,擅长硬功直进,速度快,动作猛,戳脚要求腿脚的灵活性与手臂相同,运用自如。在技击攻防的时候,要手领脚出,手到脚到,手脚并用,上下配合完成。

(五)八卦掌文化特征

八卦掌的特点主要是身捷步灵,随着身体运动而变化,与对方接触后身体起伏拧转,基本功是桩步和行步,对身体的要求是顶头竖颈,立腰溜臀,吸胯提裆。步法上要起落平稳,摆扣清楚,虚实分明。走圈时内脚直进,外脚内扣,身法讲究拧、转、翻,手型有龙爪掌,技击要求能进能退,变化无穷。每次出掌,都要以掌为轴,周身一体,内外相合。外重手、身、法,内修心、气、神。

八卦掌练习的原则是以曲刹直,以动制静,以静刹动。

二、南派武术文化特点

(一)武当派文化特征

1. 区域性

武当山与我国经济、政治、文化中心距离较远,但是处于非常重要的地理位置,人文环境具有地域特色,不同时代的文化氛围促使武当形成了特殊的地域文化现象。在武当可以看到历朝历代文化活动的印记,楚人最早在这里立国,形成了独具特色的荆楚文化,在地理、建筑、宗教等方面都具有浓厚的地方特色,具有浓重的文化色彩。

2. 历史性

武当文化对武术文化的传承发展起到了重要作用,武当文化源于中国历史和文化大发展的背景中,具有自己独特的文化空间,世代相传。荆楚文化最早产生于丹水一地,具有扎实的文化基础,东汉以前,武当山就开展道教相关的活动,隐士也多居于武当山,到元代形成一定规模,明代走向兴盛。

3.时代性

武当文化是中国历史与文化在时代变迁中产生、发展、扩充的浓缩精华,每一个过程都为武当文化的发展奠定了基础,武当山隐士的活动现象,可以追溯到道教产生的起源。楚国文化传统中的隐士文化非常著名,武当山就生活了很多隐士,如《汉志》中的长卢子,《论语》中的长沮等都是楚人。武当山的兴盛也与皇室有密切关系,从建筑规模、政治、经济等很多方面都享有特殊的权利。这在中国历史上并不多见,和其他道教名山难以相比,武当山官修山志之多,元明清三代,修志达到七八种,是武当山的真实记载,还发挥了补史的功能。

4.道教基础

武当道家道教文化具有悠久的历史,每个时期大量的隐士和修炼者都成为当地道教文化形成的基础。他们在武当山的活动,对世俗甚至是朝廷都产生了深远的影响,晋代葛洪是著名的道教学家,主要著作是《抱朴子》。

(二)峨眉派文化特征

峨眉武术具有鲜明的民族特色,受四川巴蜀文化、地理环境的影响,通过和中原武术的不断交流、融合,形成了峨眉派武术的特色。峨眉派武术注重内外兼修、刚柔相济,具有强大的"神"气和强大的功力。如果比较少林、武当、峨眉三大派别会发现,武当派的特长是气息,少林派的特长是攻架,峨眉派则主张内外相重,峨眉派更注重刚柔兼备。

1. 技战术

峨眉拳集众家之所长，形成了独特的技法与风格，技击的特点是动作小，变化多，借力打力，动静结合，借力反击，以快取胜。动作的主要内容包括腾、闪、浮、吞等，灵活地移动脚步和手法，改变攻防方向和角度，占有攻击防守的主动性和招法的灵活性。

战术特点强调诱敌深入，如果双方攻击的速度相同，那么在闪开对方攻击的同时打击对方，后发先制有利于防守反击。峨眉派武术多使用五峰六肘力量，五峰就是头、肩、肘、臀、膝，六肘就是上肘、下肘、左肘、右肘、回肘、倒肘。

2. 功法

峨眉派有著名的"十二桩"，分为动功和静功，都很重要，动功分为十二大式，静功讲究六大专修，其中指穴功三十六式天罡指穴功威力最大，不仅可以按摩治病，而且还可以制敌。

峨眉派功法认为，人体外是阳，内是阴，阳盛而阴衰，病在身体内，如果阳衰阴盛，那么病就在身体外，功法更强调内练意、气、心，外练手、眼、身，最终达到内外兼修。阳盛阴衰，就要通过补阴法调整，这种方法可以让身体处于阴阳平衡的状态。

3. 武德

峨眉派武术非常重视武德，练武的人必须忠诚、正义，练就武术的目的是抵御外敌，保护自身，不是行恶。习武之人要具有人道主义精神，坦坦荡荡，峨眉武术文化在中国传统文化中写下了瑰丽的篇章。

(三)咏春拳文化特征

咏春拳的优势在于可以近身搏击，拳快而且可以防守紧密，马步灵活，攻守兼备，刚柔并济。

1. 实用价值高

咏春拳的技法比较简单,全部技术动作只有小念头、寻桥和木人桩,所有的技术动作几乎都含在小念头一个简短的套路里,只有25手,5分钟就可以做完。25手就像26个英文字母,通过不同的排列组合可以形成不同的英文单词,任意组合构成了技击运动中多种组合拳。

咏春拳可以近身搏击,拳法重快,起落快速,攻守同期,手法灵活,毫不相让,来留去送,最短攻防,朝面追形,日字冲拳。

2. 注重短距快攻

咏春拳具有自己系统科学的理论体系,咏春拳注重短距理念,时刻拳抢中线,获得最短距离最快时间的猛攻。技法上坚持精简的原则,以最简单的动作,完成最直接的快攻,绝不会授敌以先机,发拳不能预先后撤,不给对方预示信号,到达彼此一步左右时才突然出拳。如果一击不中,随后就会在外面发生变化,让对方措手不及。

三、岭南武术文化特点

(一)南拳文化特征

1. 下盘稳定

南拳的主要特点就是动作紧凑,手法灵巧,在技击过程中注重以巧打拙、以多打少、以快打慢。由于受到地域环境的影响,这里生活的人们体型比较小,力量不够,因此,在练习的过程中非常注重保持下盘的稳定性,步伐的灵活多变,身体有很多扭拐的动作。

南拳扎马的基础是马步桩,分为大马、小马和半马,做马步桩的时候,五趾要抓地,有落地生根的感觉,强调稳如铁塔坐如山。马步桩的功夫练好了,腿力更加沉重,步势才能稳扎,运动才有章法。

2. 擅长短拳

南拳动作紧凑，擅长贴身靠打和出短拳。这主要也是受到地域环境因素的影响，南方人肢体比较短，出短拳可以充分发挥"一寸短，一寸险"的优势。发力的形式有三种，快速用力、短劲发力和匀速用力。南拳中有很多象形拳，模仿常见动物，象形拳的数量位于全国拳法体系的首位。

3. 动作多样化

南拳的上肢动作绵密迅疾，不断变化，下肢保持不动，拳掌可以连续攻击多次，力求快速密集，以速度和效率取胜。手法种类也很多，包括拳、掌、爪、钩、指以及各种肘法、桥法。

（二）截拳道文化特征

1. 武术的本质

武术本身是一种智力和技巧相配合的精妙艺术，并不是特指某一项运动，需要习练者自己去体会和感悟，武术是自发性形成的，并不受到客观因素的影响。我国武术发展的宗旨内涵就是"道"，阴、阳两极的和谐配合，遵循宇宙万物的自然规律，只有掌握了这种规律，才能真正领悟武术的本质。

截拳道认为对手是不停移动的物体，不会在某一个点固定不动等你去攻击，也不会等你观察好了再想好策略，没有蓄势运劲、蹲身起步的时间。因此，只要看到对方的身体有移动就要先发制人，动作简单明了，直中要害，不需要浪费时间和对手不停地周旋，如果对方功力也很强，要暂时放弃拳理姿势正确与否的观念，和对手一拼到底。

2. 没有套路

截拳道的哲学核心是"以无法为有法，以无限为有限"，提倡灵活,反对生搬硬套,截拳道没有固定的动作限制和套路规定,更注重实战能力,依靠本能去处理应战。李小龙在教学的时候,经常用水来比喻,将水倒入什么样的器皿,水就会成为器皿的一部分。自由搏击并不看重形式,更注重实际效果,在实战中力求击倒对方,没有一成不变的途径和方法,只是依靠本能见机行事。

(三)虎鹤双形拳文化特征

1. 标准要求多

虎鹤双形拳共有 108 个动作,不仅包含了拳、掌、爪,还有指、钩等,拳法有五行,手法有挑、格、割等,腿法有横扫腿、叮腿等,步型有马步、虚步等,步法有盖步、标步等,桥法有穿、沉、标等。虎鹤双形掌还有爪法,分为单、双虎爪,跳跃上有跃步前跳,套路的运动路线有直线、斜线、"之"字形线。

可以看到,此拳内容丰富,形式多样,结构复杂,运动范围也非常广,南拳的比赛规则对步型、步法、手型、手法等要求严格,标准非常多,这一独特的风格是其他流派的拳种难以比拟的。

2. 练法气势恢宏

虎鹤双形拳套路复杂,但是层次非常清楚,一开始是练气、练力,锻炼手腕前臂的肌肉力量,从外观上看有稳打稳扎的感觉。中段练习猛虎下山、饿虎擒羊等动作,练拳者则目光炯炯有神,要气沉丹田,使用腹式吸气的方法,呼吸加深,重心下移。接着表现鹤之形态时,动作快速灵巧,柔中带刚,突出鹤的轻、巧、灵。前者重点强调马步,后者注重平衡,一起一伏,一刚一柔,形神具备。后段则用佛家罗汉拳的醉酒八仙等一连串攻击手法,以气催力,以声助威,瞬间发出雄壮的呼声,在发劲上,采用长桥和短桥手法结合。虎鹤双形拳中的虎代表刚劲威猛,鹤代表柔韧灵速,两者的完美结合其实就是武术中的刚柔并济。

第四章 武术与哲学思想发展研究

武术作为中国传统文化的有机组成部分,在其文化内涵中深受中国传统哲学的影响。中国传统哲学中的天人合一、儒家、太极、阴阳、八卦、宗教、五行等思想均在传统武术中有着深刻反映,体现着中国传统哲学的智慧。历史上,历代武术名家也都运用了古代哲学思想来阐释相关武术拳理,创造出不同风格的拳种。本章来研究武术与哲学思想的发展。

第一节 中国武术的哲学境界

一、中国古代哲学的基本特征

中国古代哲学萌芽于商周交替之际,形成于春秋末期,兴旺于战国时代,在战国时期发展出"先秦诸子,百家争鸣"的宏伟局面。纵观中华民族历史,中国古代哲学发展了三千多年,在不同时期内从产生条件、风格、内容和形式都具有明显的时代特征。

中国古代哲学在不同历史时期发展出不同的特点,但有一个共同点就是对生命的重视。"中国哲学是以生命为中心,由此展开它们的教训、智慧、学问和修行。这是独立的一套,很难吞没消极于西方式的独立哲学中,亦很难吞没消极于西方式的独立宗教中",又进一步说道,"中国哲学的中心是所谓儒、释、道三教……

而三教都是'生命的学问'。"①。由此可见,武术理论认为,通过习武可以充分修炼身心,体现出对生命的重视。武术运动文化与中国古代哲学思想高度契合,因此可以看出,武术文化与探究生命的中国古代哲学息息相关。换句话说,从中国传统文化观点来看,人体在进行武术、养生、修身的生命活动中,蕴含着中国传统哲学的生命文化特征。

儒家哲学以易学为基础,道家哲学以《道德经》为基础,二者的共同点是通过人体文化感悟创造出的生命哲学。易学是在天人相应的思想指导下,对万物运行规律及其之间关系进行研究的学问,包括《周易》以及后世对它的研究的全部知识与理论。

易学注重讲道,而最先讲道的是道家始祖老子。易学将先秦诸子的思想精华吸收进来,对传统中医学和中华传统养生学有着很深的影响,老子被后世认为是中国养生之祖。在儒道两家看来,天地宇宙是个有机整体,人与客观世界和谐统一。

当人们开始重视自我体验并思考存在意义时,即把对人自身的了解和体悟感受融入世间万物。当人们对自然万物进行观察时,往往也是根据自己对世间变化的体验进行判断和感知。中国古代传统哲学始于上古时代,经历历朝历代思想家的探索后逐渐完善,认为人与世间其他生物一样,作为客观存在的生命在世界上,需要按照正常的生命历程进行生存和演变。人们通过体会自己,认识自身的过程逐渐发展出生命哲学,而这种生命哲学对武术这一特殊的生命文化现象具有深厚的影响。中国古代哲学中,人对自己的思考在很大程度上促进了武术文化的丰富和发展。

道德互依,淳德全道。在中国古代哲学经典中,道与德是相互依存的。《道德经》和《周易》都明确指出道与德在概念上既有区别又相互联系,与现代汉语中的"道德"有着一定差异。"道"是宇宙的根本规律,德是人们努力维持自己的认识和践行这一根本规律的行为。人与世界万物一样,完全按照宇宙规律生存,是淳

---

① 闫洪涛,左文泉,潘治国.武术的文化底蕴与运动原理[M].西安:西安地图出版社,2009.

德全道的人。

"道"的价值属性是中国古代哲学"道""德"一体的鲜活生动的根源,是中华民族祖先在对世间万物的感悟中形成的宇宙、地球、生物、人一体的观念升华,现在依然具有现实意义,而在曾经却被人们视为原始混沌之见。20世纪后期,自然科学有了广阔的发展,于是人们终于认识到天、地、生、人之间的深刻关系,在科学界有了天、地、生、人的系统的新学说。现今,世界上不少科学家对中国古代哲学有了全新的认识,就是天地生人共源的根本认识:知行一致、天人合一。

二、"天人合一"

"天人合一"是中国古代哲学的根本观念。

所谓"天",不是指神灵主宰,而是以"自然"为代表。老子曰:"人法地,地法天,天法道,道法自然。"这就表明人与自然是一致、相通的。

除了道家,儒家也主张"天人合一"。《礼记·中庸》云:"诚者天之道也,诚之者,人之道也。"这句话表明,只要人发扬"诚"的德性,那么就可与天一致。到了汉代,董仲舒明确提出:"天人之际,合而为一",成为两千多年来儒家思想的重要观点之一。

"天人合一"的思想体现到武术运动中,首先体现在人与自然相统一的追求上。清代杨氏传抄太极拳谱中记载:"乾坤为一大天地,人为一小天地也",在武术运动的习练过程中,人们永远追求身心与大自然的和谐相处,人要顺乎自然,一招一式的舞动要符合大自然的变化规律,以此来求得物我、内外的平衡,也就是阴阳平和。

因此,自古以来习武者非常注重在练武过程中使自身和四时、气候、地理等外在环境相适应与协调,顺应时间、季节、气候等因素,采用相应的训练内容和手段,在环境优美、安静的大自然中充分吸收天地精华,修身养性,从而放下心来,身心投入大自然中,达到忘我的境地。如果逆天时地利而活动,肯定无法修养身心,也不利于健康。

下面举个国外的例子。泰拳也是闻名于世的技击拳术。泰拳运动员从 15 岁开始接受正规训练,训练环境十分艰苦,训练内容和方式甚至达到残忍的境地。在泰拳练习中,要用木棒及铅球击打身体,用自己的拳脚击打树木等,长期练习后把自己弄得浑身是伤,鲜血淋漓,所以练习泰拳是常人难以承受的,更不必说体弱之人。虽然泰拳在技击上非常厉害,但练习泰拳付出的代价是异常惨重的。泰拳运动员超过 30 岁后身体机能便出现明显的退化迹象,平均寿命 40 岁左右,根本不重视人的生命。

相较而言,中国武术尊重生命,注重养生,将"天人合一"作为操练武术的最高境界。为了追求身心与大自然的和谐,古代武术家常象天法地、师法自然,从大自然中汲取精华,对自然界中各种事物的动作、姿态、神情进行模仿,结合人体运动规律和武术技击方法的要求,不断创造新的拳法,丰富武术体系。在这种"天人合一"的境界中,武术文化内涵更加博大精深。

从古至今,很多练武者在自然现象中得到启发后创编武术。明末清初有个习武者叫王朗。王朗曾在少林寺中练武学艺,学成后经常与他人切磋拳脚,然而天外有天,王朗也常遭遇到失败。每每挫败,王朗就仰天而长叹,思考破敌制胜的方法。一日黄昏,王朗来到高粱田旁,在树下休憩,忽然看见一只螳螂攀援树叶而下,王朗便用草杆挑逗这只螳螂,只见螳螂轻舒其臂,进退有度,聪明地躲过了王朗的"攻击",矫健的步法令王朗茅塞顿开。于是,他抓住螳螂,拿回去仔细观察。日积月累,他从螳螂的动作中受到启发,感悟出"拘""搂""采""挂"等力的发挥,这与现代螳螂拳的动作颇有渊源。

此外,在自然现象中受到启发后阐发拳理的例子不在少数。王宗岳认为,太极拳是"长拳者,如长江大海,滔滔不绝世",这不仅形象地概括出长拳的技术特点,也体现出演练时注意养成"腹内松静气腾然"的内心活动,以江海的气势来比喻拳势。

再举个例子,长拳中的"十二形"说:"动如涛、静如岳、起如猿、落如鹊、立如鸡、站如松、转如轮、折如弓、轻如叶、重如铁、缓如鹰、快如风",形象地以 12 种物象为比喻,说明动作演练时的 12 种变化要求,其中绝大部分取自然界的物象来比喻拳势。

"天人合一"思想使中国传统文化形成了重和谐、重整体的思维特点,在武术运动中的具体表现就是追求动作的"合"。"合",即动作的和谐、协调。其中最为经典的说法就是"内外三合","内三合"即"心与意合、意与气合、气与力合","外三合"即"肩与跨合、肘与膝合、手与足合"。从实际来看,要求人体由内在的心、意、气到外在的四肢、身体各个部位协调、统一。可以看到的是,协调既是人的本能,又是主动、有意的培养和训练,能使动作趋于完美。"合",则是武术特有的技术要求和独特的理论内涵。

"天人合一"思想还决定了中国古代哲学倡导人的道德原则与自然原则相一致。张载认为"天人合一"是"因明致诚,因诚致明"。"诚"一种崇高的道德修养,"明"则是一种崇高的智慧。"诚"体现在武术中就是武德,"明"体现在武术中就是技艺超群。在"天人合一"思想的指引下,一代又一代的武术名家不断追求道德上的完善和技术上的完美。

我国武术家从传统养生入手,将"天人合一"作为习武的最高追求。为了不断使自己与大自然和谐,历代习武者踏遍名山大川,探寻人与天地的气韵,从中得到灵感,结合人体运动规律,创造新的武术套路,革新武术技法。古往今来,一代又一代习武者不断追求自我道德完善和技术完美,追求"诚"与"明"。

三、习武修文是体悟东方哲理的捷径

从历史来看,儒家、道家、释家的典籍不胜枚举,像《老子》《庄子》、四书五经,这些典籍大多玄妙多解,令人无法深窥其奥秘。但是如果在研读这些经典的同时,通过亲身实践学习太极拳、形意拳、八卦掌、大成拳等拳术,真正亲自体会格物致知中的"物",通过身领、心会与神通,真正感悟到中国古代哲学育生贵生的天地本性,以及通过实践修炼达到的伴天行天的人生圣乐。

《系辞传》中说道:"天地之大德曰生""生生之谓易"。在生命哲学看来,宇宙就是一个大化流行、生生不已的生命过程。天地之大德,即宇宙天然本性,支持着万物的生存发展,推动其天性的显露和演化。

《易经》中充分吸收了先秦诸子的思想,对天地万物生生不息的动力和根据是阴阳的相互作用持肯定态度。阴阳的观念思想始于原始社会,从人的男女两性和太阳的向背感悟而得,到了春秋时代已成为天地万物的生命哲理。

《系辞上传》中云:"一阴一阳之谓道。继之者,善也;成之者,性也。仁者见之谓之仁,知者见之谓之知。""道",即阴与阳的分分合合,从而造就万物的生存和转化。推动和促进这个化育过程的行为属善,保有和存蓄这一育化功能的是万物之性。天地万物的生化性和育化过程,从生命的延续和继承来说,属于"仁"的范畴。从世界万物精彩纷呈,神妙莫测的百态,体现出宇宙造化的奇异与智慧,谓之"知"。在宇宙中,阴阳是根本规律,其相吸、相斥和平衡的作用使天地万物得以生化,所以宇宙的本质是"生"。"生"恰恰是在儒家思想中推崇的"仁"与"智"的最好体现。

自古以来,武术就不是一种单纯的体育运动或格斗技术,以习武悟道、参禅是各种武术流派都认可的大义。一旦入门,朝夕模仿和感悟是习武者必由之路。中国传统哲学中,很多基础概念,如天人、刚柔、曲直、形神、阴阳、动静等,直接去理解恐怕说不明白,但在太极拳或形意拳的操练中,通过几个动作就马上领悟到这些抽象的哲理。

从易学观点来看,人是天地阴阳结合的产物。由于人与天地和谐统一,人的生命过程是宇宙大化的一部分,而宇宙又在无时不刻地保障所有生命正常运转,所以上天赋予的性命与人自身合理的需求,从本质上相一致,不存在对立或冲突。所以《周易》提出"乐天知命而不忧"的思想。人生的道理在于努力理解、感悟老天爷赐予的性和命,一方面实现生命的保存和延续,并将秉承于天的所有智慧和能力全部展现出来;另一方面要辅助宇宙万物的正常生化。认识天道性命，实现天道性命，将个人与宇宙融合为一体，从而获得最大的快乐。中国生命哲学将维护宇宙万物的生存和演化，即正常的大化流行看作天经地义的事情，视作最崇高的道德和智慧，运用这种哲学思想来对生活进行指导和影响，自然要将养生放在首要地位。

宋代太极拳家程珌在《四性归原歌》中明确指出天、地、物、人是同一的。人只有知道本性，才能通灵。

我赖天地以存身，

天地无物不成形。

若能先求知我性，

天地授我独偏灵。

武术的各拳派都将养生作为首义。《太极拳论》中云："此学武当以张三丰老师遗论，欲使天下豪杰延年益寿，不徒作技艺之末也。"王宗岳在《太极十三势歌诀》中说："详推用意终何在？延年益寿不老春。"

中国传统养生学不仅为了长生不老，首先其作为一种践履天道的道德行为，是自觉执行天命要求的一种责任，是一种践履天道的至乐，也就是庄子所说的"天乐"。总体来看，只有亲身进行武术操练，才能更好、更快捷地体悟中国传统哲学。

第二节　武术与儒家思想

一、儒家思想概述

儒家学派向来推崇"君子"的做法，将"君子"的行为、道德视为"成人"的标准，希望所有人努力做到，这就是"君子"文化。儒家的伦理道德规范，以及倡导"文武双全""仁勇兼备"等观念思想，对武术运动发展和文化传播有着明显的导向作用。

儒家伦理道德重点强调"仁爱"，在儒家文化中，"仁"是"爱人之本",以此为基本伦理,派生出"忠、孝、仁、智、宽、勇、信、敏、惠、温、良、俭、恭、让"等道德标准。儒家的伦理道德长期被武术文化视为伦理思想的核心,纳入武术道德伦理的范畴之中。

在儒学思想看来,君子仅仅有"仁爱"是远远不够的,还要学会"六艺"。什么是"六艺"呢? 就是"礼、乐、射、御、书、数",其中"礼""射""御"都和武术有着密切联系,也就是说"仁者"必须要有"勇"。《史记·孔子世家》还指出:"有文事者必有武备,有武事者,必有文备。"儒家思想中文武双全、仁勇兼备的追求,在武术上已经完全超越了纯粹比拼武艺的范畴。武术运动积极与中国传统文化相融合,反过来中国传统文化对武术文化的发展起到了导向作用。

二、武术与儒侠

武术与儒家文化思想相融合,反映到人身上,就发展出了一种特殊的群体——儒侠。纵观我国历史,出现了大批儒侠,儒侠文化历来受到推崇。

儒侠的核心是"为国为民,兼济天下",以勇敢、英武的处世态度,以兼济天下为志向,以鞠躬尽瘁、死而后已的勇于献身精神来行侠仗义,树立正风正气。他们所处的江湖多与国家和山河有关,他们所做的事情也不仅仅是在江湖上见义勇为、扶危济困,而是当国家遭受到侵犯、民族陷入危机之时挺身而出,以实际行动维护尊严,保护民族大义,也就是忧国忧民的情怀与爱国爱民的热忱。

《史记》中记载了两类具有儒家思想和侠气特点的人物。第一类是游侠,像朱家、郭解等人;第二类是刺客,包括专诸、荆轲、聂政等人。游侠锄强扶弱,惩恶扬善,非常看重信义和是非曲直,路见不平,拔刀相助,"义"字当先;刺客主要看重忠义,有固定而单一的服侍对象,在眼中没有善恶,倡导士为知己者死,以"忠"字为先。游侠以"文"行事,讲究在微风细雨中化干戈为玉帛;刺客以"武"做事,在刀光剑影中达成使命,不成功则成仁。

从刺客的发展历程来看，战国时期涌现出很多出类拔萃的人才，他们智勇双全，并非只是有勇无谋的一介武夫。著名刺客荆轲"为人深沉好书"，是个很有修养的义士。他行刺秦王嬴政前，做足准备，制定了周密的计划。首先，他得到赵国著名剑匠徐夫人铸造的毒匕首，这个武器见血即死，异常锋利。另外，荆轲还让勇士秦舞阳当自己的助手，一起前往秦国。另外，他还准备了燕国要地督亢的地图和秦王仇人樊於期的首级作为送给秦王的礼物，将匕首藏在地图中，准备在送地图时行刺。临行出发前，荆轲慷慨激昂地唱道："风萧萧兮易水寒，壮士一去兮不复还！"歌声十分动人，以示荆轲坚决的意志。一曲终了，他头也不回地去了。到了戒备森严的咸阳宫，随行的壮士秦舞阳感到惊恐色变，荆轲仍应答自流，与秦王谈笑风生。最后行刺失败，身负重伤，荆轲仍然大笑着说："事所以不成者，乃欲以生劫之，必得约契以报太子也！"可见，刺客的勇气完全是超出常人的。

对于刺客来说，"名"的追求已经超越了所有事情的意义，甚至高于自己的生命。他们"恩不忘报"，是为了"名高于世"。聂政刺杀韩相侠累后毁容自杀，之后尸首被韩国公开放在市上悬赏千金，试图弄清刺客的身份。聂政姐姐聂荌闻讯后立马想到是自己弟弟刺杀的，认为弟弟因与自己面容相似，怕连累到我而毁容自杀，"爱身不扬弟之名，吾不忍也"，毅然前往闹市，看见自己哥哥的尸体后抱尸痛哭，连呼："这是吾弟聂政！"之后自杀于自己哥哥的尸体旁。聂政之所以能声名远扬，流传后世，是与其姐姐甘冒杀身之祸以传其名分不开的。在儒侠眼中，聂政是死得其所，是非常光荣的。

明末清初思想家王夫之在《读通鉴论》中谈到秦汉历史，议论道："上不能养民，而游侠养之也。"

不过，上古时代的侠不完全具备道德和理性。在司马迁看来，侠客知恩图报，重情义轻生死。他们的人生充满了恩恩怨怨，并不计较是非。其中许多人成了私债的奴隶，只好以死偿之。儒侠非常看重个人尊严，收受了他人恩惠就觉得自己亏欠了对方，想不惜一切代价偿还人情才心安理得。

　　之后朝代的侠并不局限于报答对自己有恩和关系特殊的人，而是要四处游走，助危济困，所以颇有些理想主义和浪漫主义的色彩。儒侠有非常忠义的观念和崇高的民族品格，北宋时的武侠普遍将"救民水火""为民鸣不平"视为本人的职责与义务。南宋时期，异族入侵中原，倭患横行，民族矛盾十分尖锐。武侠以国家利益和民族大义为先，奔赴战场保家卫国。

　　明《云间杂志》中记载了隐迹风尘的丐帮大侠张二郎，此人为抗击倭寇而参军，立下战功，"时斩倭首以献"。论功行赏时，他将赏钱和赐予的银牌犒金全部交给府库，自己什么都没要，可见其爱国之心。

　　清末，一代武师霍元甲创办了精武体育会，以"爱国、修身、正义、助人"作为办会宗旨，规定"不准以我之拳头加予同胞身上"的戒律，被江湖誉为"精武精神"。

　　后世大量的文学作品也描绘了很多儒侠的形象，唐代笔记小说《红线》中的红线、《近代侠义英雄传》中的霍元甲等，都是智勇双全的侠客。他们具有远大的理想和抱负，又有大侠的品格，具有楷模的力量，以天下兴亡、万民安乐为己任，是儒家的典范。"为国为民，侠之大者。"这是国人特有的伦理价值。"大侠精神"就是侠义与儒家最高价值标准的完美结合的产物，是完整而成熟的武侠精神。这种为国为民精神的武侠形象在很多人看来是一种完美无缺的英雄形象，千百年来一直受到中国人的尊重与崇拜。

第三节　武术与太极思想

一、太极思想概述

（一）太极的起源

　　关于"太极"一词，最初见于《周易·系辞上》。书中认为："易有太极，是生两仪。"所谓两仪，就是阴阳。太极以阴阳为内涵，是诞生天地万物的本源。所以《周易·系辞上》中提出"一阴一阳之谓道";思想家朱熹也认为:"总天地万物之理,便是太极。"

(二)太极图

在对太极义理进行探索的同时,出现了以阐释"易有太极,是生两仪"为目的"太极图",如图 4-1 所示。

图 4-1　太极图

《太极图》最早由五代末北宋初的道士陈抟传出,最早命名为《无极图》。陈抟在内丹术和易学都有很深的造诣。史书记载,陈抟曾将《先天图》《太极图》及《河图》《洛书》传给其学生种放,种放又将这些知识传授给穆修、李溉等人,之后穆修把《太极图》传授给周敦颐。如今的《太极图》即为周敦颐所传。

从太极图中我们可以明显地看到两个黑白鱼形纹组成的圆形图案,俗称阴阳鱼。太极图是中国古代哲学思想的核心,是对自然界发生的所有事物和这些事物发展变化的高度概括。

太极图呈圆形,象征事物永恒、循环的运动和发展,也象征人类的生命起源。太极图中黑色代表阴,白色代表为阳。黑白相依,永不分离。白鱼黑眼表示阳中有阴,黑鱼白眼表示阴中有阳。古人认为,阴与阳相互消长,相互转化,诞生了宇宙万物。

在白鱼与黑鱼之间,由一条反"S"形曲线分开,这表示事物的阴阳并不是以直截了当的方式分开的,而是彼此之间相互依赖、互为所用的。此外,也指事物任何一方均无法脱离另一方后独立存在,事物的阴阳既对立又统一,相互和谐又相互制约,共同维系着彼此之间的动态平衡。

此外,太极图表示一切事物都在永不停歇地运动,或阴消阳长,或阳消阴长,不断变化。阴阳鱼的鱼眼也是一个小太极,这说明阴中有阳,阳中有阴,阴阳之中又可以再分阴阳,所以事物的发展是个"无底洞",事物划分阴阳是无限和无尽的。

随着古人对"太极"的原理和表象研究的发展,太极思维中逐渐发展了阴阳辩证法,这作为思考问题和解决问题的根本法则,渗透到中国人的生存方式中,形成中国人特有的思维方式。由此,太极也对中国古代武术的发展产生了深远的影响,太极拳的发明就是太极文化的思想内涵在武术上的直观体现。

二、武术与太极的结合——太极拳

太极拳是以太极文化为理论依据所创造的武术套路。在长期衍化发展中,太极拳已经成为一种文化,是中华传统文化的一朵奇葩。比对太极图来看,太极拳技法中的刚柔、虚实、动静、开合等的对立与统一,和太极图中表示的阴阳消长、转化规律完全一致。太极拳动作圆活,一招一式都离不开弧形和圆形,整套动作浑圆连贯,一气呵成。太极图也是放在平面圆形之中,双鱼环绕,恰恰与太极推手时二人双搭手的形态相符。在练习中,二人的臂膀组成环状并不断变化,你进我退,粘边黏随,与阴阳的相互消长、交替变化的道理相一致。

太极拳家认为,太极是太极拳中所有动作的原动力,宇宙有太极,人身也有太极,人身的腹部就是太极,所以《太极十三式歌》中说:"命意源头在腰隙,刻刻留心在腰间。"

第四节　武术与阴阳思想

一、阴阳思想概述

古人认为,人类与宇宙万物都是由阴阳互动造成的,而《易经》中最核心的内容是阴阳学说。

最初，阴阳的含义非常朴素，单纯地表示阳光的向背，向日为阳，背日为阴，之后将定义引申为气候的寒暖，方位的上下、左右、内外，状态的运动与静止等。中国古代的思想家们进而体会到，自然界中所有事物和现象都是既相互对立而又相互作用的，因而就用阴阳来解释自然界的这种二者相互对立和相互消长的物质力量。

正如《素问·阴阳应象大论》中说的那样："阴阳者，天地之道也，万物之纲纪，变化之父母，生杀之本始。"可以看出，阴阳是自然界一切事物的固有规律，世界就是阴阳对立统一运动的结果。

二、武术与阴阳的联系

(一)武术中阴阳理论的历史发展

在武术中，任何拳术都要求习武者维持体内的阴阳平衡，气沉丹田。传统武术中蕴含着深刻的阴阳学说的规律，进攻和防守体现着阴阳之间的变化。传统武术在古代基于"一阴一阳之谓道"的深刻哲理，遵循着"顺阴阳而运动"的原则，发展到现在。武术的技击运动中也蕴含着阴阳学说，一攻一守之间离不开阴阳的变化。

传统武术要求"顺阴阳而运动"，这一思想在先秦时期就已有详细记载，其中最有代表性的是春秋末年"越女"论剑和战国时期《庄子》的相关论述。

"越女"有着如此的论断："道有门户，亦有阴阳，开门闭户，阴衰阳兴。"通过阴阳变化的法则，生动地诠释了攻守制胜的道理。庄子则认为攻防格斗的奇巧在于阴阳："且以巧斗力者，始乎阳，常卒乎阴，大至则多奇巧。"在庄子看来，"奇巧"在于充分贯彻阴阳转化的法则："夫为剑者，示之以虚，开之以利，后之以发，先之以至。"在武术的切磋和比拼中，适当进行阴阳转化的一方往往能以巧破千斤，后发先至，占得上风。

明代中叶,武术发展至巅峰,这时依然遵循着"顺阴阳而运动"的原则,这在民族英雄戚继光和一代名家俞大猷的著作中都有体现。

戚继光在《纪效新书》中的长兵短用篇、短兵长用篇中充分运用了阴阳变化的法则,对长与短相互为用的关系进行论证;俞大猷在《剑经》中运用阴阳转化法则充分揭示了刚与柔、动与静、先与后等转化方法,并提出"顺人之势,借人之力""乘他旧力略过,新力未发""以静待动,以逸待劳"等制胜方法和原则,被后世武术家视为秘籍。武术中的制胜原则都通过阴阳变化理论基础所产生,代表着武术沿"顺阴阳而运动"的发展,达到了一个崭新的高度。

(二)武术阴阳理论的具体内容

武术强调以阴阳互根、阴阳消长、阴阳转化为技法的基本原理,也以这些理论作为拳技理法的解释和规范。

1. 阴阳互根

阴阳互根,直白的解释就是阴与阳互相为根基。武术家认为,孤阳不生、独阴不长,阴中要有阳,阳中也要有阴。不管做什么样的动作,主动肌的收缩为阳,对抗肌的舒张为阴,二者要有序配合,动作才会协调灵活。使用长拳时要辅助短打,进行短打时则要辅以长拳,打拳摆腿的力度要"刚中有柔,柔中有刚,刚柔并济"。在格斗技法中,有着"攻中有防,防中有攻,攻防互寓"的规律。长兵器可以短用,短兵器也可以长用。

2. 阴阳消长

武术家还认为,在所有的武术动作中都体现出阴阳对立的规律,此强彼弱,此弱彼强,这就是所谓的阴阳消长。

阴阳消长是有一定的比例的。例如,手法有十分的劲力,多一分柔劲,就少一分刚劲。陈鑫《太极拳图书讲义》中讲述道:陈式太极拳刚与柔的比例就是五比五,这样才是易于变化的"妙手"。

阴阳的对立消长体现在二人之间的搏斗中,比如当对手直劲打来,本方可以用横劲拆招;对手前进,本方可退而避之;对手后退,本方可进而击之,等等。

3. 阴阳转化

阴阳转化属于武术技法的基本原理。习武者注意采用从一定状态反向入手的技术方法和练习步骤,在套路技法演练中遵循"意欲向上,必先寓下;意欲向左,必先右去"的动作规律。

在习武之中,阴阳转化原理体现在"静中求动""动中求静"的练法。武术练习往往先练习静功,在静功提高人体对外界的适应能力和感觉能力,通过意识的支配下采取动作。如果练功时心情太过浮躁,思想上静不下来,心有杂念,则要采取动功,使心理在注意动作要领、动作路线、动作含义、气息与动作配合的过程中排除杂念,达到相对安静的状态。

第五节　武术与八卦思想

一、八卦思想概述

八卦学说是一门复杂而庞大的科学思想体系。在五千多年前,我国的原始先人通过长期探索,意识到宇宙是一个万物一体的庞大系统。由于整体和各个局部之间相互关联,大自然具有极强的规律性,即为无极生太极、太极生两仪、两仪生四象、四象生八卦,这是八卦太极的基本理论。在古代,中华民族先人根据这种理论逐步建立起一种朴素的唯物论和辩证法。

何为八卦?八卦是在承认宇宙间相互关联的万物运动规律的基础上,对事物的发展和走向进行推测,又将事物发展理解为各种矛盾趋向和谐与来回往复的过程。古人充分总结这一规律,得出在不同时刻、不同情况下的表现状态，并从位置、动作、颜色、对象、方向、物质、气味及转换过程等方面进行归纳总结。

二、武术与八卦的结合——八卦掌

八卦思想与武术文化进行充分融合与联系后，就发展了一种特殊的拳术——八卦掌。八卦掌原名"转掌"，由于该拳以绕圆走转为主要运动方式，所绕圆圈正好经过八卦的八个方位，以人体各个部位比对八卦，因此得名八卦掌。

八卦掌的基本八掌如下：

（1）乾卦狮子掌，取象为狮。

（2）坤卦返身掌，取象为麟。

（3）坎卦顺势掌，取象为蛇。

（4）离卦卧掌，取象为鹞。

（5）震卦平托掌，取象为龙。

（6）艮卦背肾掌，取象为熊。

（7）巽卦风轮掌，取象为凤。

（8）兑卦抱掌，取象为猴。

此外，八卦掌还借用八卦的数术来对拳技的层次性和系统性进行规范，以八个基本掌法比附八卦的数目，分为八组，每组八掌，一共六十四掌，比附八八六十四卦的数目。

八卦掌相对全面地采用"易理"作为拳技理论依据。"易理"是诠释八卦图形含义的理论，包括简易、变易、不易这三种基本思想。八卦掌不仅以"易理"说拳理，还以"易理"规范拳技。

"易理"认为"易则易知，简则易从"。也就是说简易的道理才方便明了，简易的法则才便于效法，这体现出简易的思想。这种简易的原理，非常直观地体现在八卦掌的拳理和拳技上。八卦掌中，向左沿圆绕走为"阳仪"，向右沿圆绕走为"阴仪"，这象征着阴阳的左右绕走，是八卦掌独特的运动特征。八卦掌掌法和攻防招术都充分融合了沿圆走转，运动特点都遵循这方面的规律。

其次，"易理"认为一切万象万物都在不停运动，这就是所谓

"变易"的思想。八卦掌充分融合了这种变易思想,将沿圆绕走和攻防拳式充分结合,使走转的招式就像行星运转一样,周而复始,永不停息。在二人对练时,要通过不停地走转来和对方周旋,避实寻虚,避正寻斜,以动制不动,以快动制慢动,这就是"以动为本,以变为法"的技法原则。

"易理"还认为"动静有常",认为天地间万物万象的变化都按照一定的规律循环,这就是"不易"的思想。八卦掌根据这个思想,发展出八卦取象、取身不易、运动技法原理不易的原则。举个例子,"胸空腹实"等身型要领、"滚钻争裹"等劲法原则、"拧旋走转"等运动技法等,都是学习八卦掌必须要遵守的法则。

从八卦思想的发展来看,其不仅为中国传统哲学的建立做出不可磨灭的贡献,还同太极、阴阳等思想一样渗透到武术文化发展之中,为武术的进步发展做出巨大贡献。

第六节　武术与宗教思想

在武术的发展历史中,有一个需要留意的现象就是其与宗教结下了不解之缘。中国传统宗教严格来说属于复合文化,是各种伦理、社会观念的结合,其作为一种意识形态,在武术的发展过程中有着重要影响。

一、武术流派多为宗教信仰者开创

在民间传说中,武术各种流派的创始人都信某些宗教,像少林功夫的创始人是南北朝时期南印度禅师菩提达摩;武当派功夫的奠基人是武当山道士张三丰;形意拳的始祖为山西姬际可。值得一提的是,姬际可并不是出道高僧,但其深受宗教思想的影响。据其《自述》中记载,他曾上嵩山少林寺学习武术近十年,"颇得少林秘法,尤擅大枪诀术",可见其也是一名信仰宗教的武术名家。

此外,八卦掌、八极拳、燕青拳、岭南白眉派、迷踪拳、迷踪艺、秘踪拳、大悲陀罗尼拳等门派创始人也都与宗教有着不同程度的联系,可见武术文化与宗教思想的关系十分密切。

二、武术内容与宗教密切相关

武术内容丰富、流派众多,主要流派代表是少林和武当,正所谓"北崇少林,南尊武当"。万籁声《武术汇宗》中记载:"宗派分少林、武当两派,少林宗初祖菩提达摩大师,武当宗洞玄真人张三丰祖师。少林为外功,武当为内功,各有精微造诣。"

少林派和武当派在思想理论、技法原理、内功修炼上都受到了宗教的影响,其中道教思想对武当等内家拳的影响十分突出,使武术运动不仅在技巧上高度成熟,有着格外的神韵,而且体现出深刻的哲学思想,进一步增强了武术的独特魅力。

道教文化中,有个非常著名的思想是"我命在我,不在于天"。道教不相信天命和因果,主张通过后天修炼,使身体脱胎换骨、超凡入仙、寿与天齐。道教以"道"和"德"作为宗教信仰和行为实践的总体原则,追求清静无为的感触,倡导抱一、寡欲、守朴、尚雌、贵柔、崇阴及炼精、炼气、炼神等。

我国传统宗教的思想理论从明清开始逐渐被武术家所借鉴、学习、掌握和吸收,进而成为一些拳术的技击原则和理论依据。习武者通过"人命在我不在于天"的思想指导,全身心地健身、修心、养性;以"德"来要求自己,使自己有武德和高尚情操。在技击原则上,武术受到宗教思想影响后形成"以柔克刚""以静制动,后发制人"的观念。武术对道教的借鉴和吸收,不仅表现在精神上的运用,而且还体现在动作、招式、套路和技术上的借鉴。道教气功,尤其是内丹功被广泛用于武术技能培养上,甚至出现了所谓的"金钟罩""铁布衫"的功夫。

从上可以看出,武术充分吸收了宗教思想后,推动了武术运动的发展与变革,也使宗教文化成为武术文化必不可少的组成部分。

三、僧道习武促进武术普及与发展

在魏晋南北朝时期,道教文化和佛教文化得到前所未有的发展,逐渐发展成儒、释、道三教相互冲击、互相吸收又互相依存的鼎立局面。寺院、道观不仅接受信徒的财物施舍,而且逐渐开始学会经营,组织相关的营利活动。寺院等开始发展经济,扩大发展规模,使得武术成为寺内僧人必须要学习的内容,从而产生了很多武艺高强的僧人。

宗教寺院的环境非常有利于武术的演练和发展。宗教寺院、道观在全国不止一处,但大多建在远离城镇村落的高山深涧之处,交通不便,与外界隔绝,生活异常艰苦。登高爬山需要很好的脚力,砍柴挑水需要出色的臂力,在夜黑风高前行需要胆魄,蒲团从禅需要毅力。出家人在这种环境中生存,为了与禽兽或歹徒进行搏斗,就要学习武术,练就一身功夫,所以武僧是很常见的。开阔宽敞而又静谧的庭院,是练武的大好胜地。在纯粹而独特的自然环境下,习武者能够全身心地观察禽兽动作,思考世间万物的奥秘,获得启发后编制出一些模仿性的武术动作,这是完全可以做到的。

回顾武术发展历史,很多德高望重的宗教大师都身怀武艺。北齐时期少林寺曾慧光与稠禅师、唐代少林寺以昙宗为代表的十三棍僧、宋朝编撰第一套《少林拳谱》的少林寺方丈福居、有"少林第一武尼"美称的智瑞等,这些武师既是宗教信仰者又是武术家,他们对武术运动的普及与发展有着巨大的贡献,是武术的重要载体之一。

唐朝初期,少林武僧帮助秦王李世民抓住隋末的割据势力王仁则,打败王世充,为李世民争夺天下扫清障碍,少林寺从此名声大噪。后来李世民特地嘉奖少林僧人,赐予少林寺大量银两和田地,允许他们练武,少林寺的僧徒一度超过 2 000 人,少林武术扬名四海,受到习武者的向往和推崇。

明、清两代,少林僧人中习武的越来越多,反映出宗教和武术的联系越来越紧密。明代很多文人墨客,像焦宏祚、徐学漠等,撰写了关于少林武僧练武的诗文游记,可以看出那时候少林寺的出家人已经形成了练武的风气:他们在闲暇时或坐古殿谈武,或到院中实践,或徒手搏斗,或用剑、鞭、戟对练,或"晓起出门"就操练起来,或"舞剑挥戈送落曛"。

明中叶后,大量文献记载了少林武僧抵抗倭寇、保卫祖国的英勇事迹,包括万表的《海寇议》、郑若曾的《江南经略》、顾炎武的《日知录》及《吴淞甲乙倭变志》等。僧人习武已经得到了社会的认可,他们走出寺庙,面向社会,为国效力,这为武术的普及与发展做出巨大贡献。

四、反压迫斗争使宗教与武术结合

历史上,各民间宗教信徒都曾反对统治者的压迫,发动起义。经过反复的斗争实践,锻炼、培养了很多武林高手。武术在这种武装斗争中得到了进一步的发展。

纵观华夏历史,很多道教徒掀起过武装起义,如东汉末年张角、张宝、张梁利用太平道发动的黄巾军起义;李流、李雄率领五斗米道徒发起的流民起义;孙思、卢循的反晋斗争等,这其中有很多武功高手。

我国历史上还有过许多民间宗教组织,如白莲教、罗教、黄天教、义和团等。这些民间秘密宗教打着宗教的旗号发动起义,与当朝统治者进行抗争。

总之,我国古代的各种宗教文化是武术得以进一步发展的重要因素。需要指出的是:宗教对武术的影响既有积极、正面的一方面,也有消极、负面,使武术发展进入歧途的那一方面,所以练武人要懂得扬弃,要取其精华,去其糟粕,使武术运动和武术文化沿着有益于身心健康的正确道路发展。

第七节 武术与五行思想

一、五行思想概述

五行,即木、火、土、金、水这五种物质的运动。中国古代先民在长期的生产生活实践中认识到木、火、土、金、水是不可或缺的物质,进而认为一切事物都是由这五种基本物质所生成的。五行存在相生相克的关系,在不断的相生相克运动中保持动态平衡,这就是五行学说的基本含义。

在古代,五行思想运用得非常广泛。统治阶级将其作为治国、平天下的法则;兵家用其来阐述胜负因素的相互关系;医生将五行与人体内外、自然环境结合,观察疾病的病理变化;武术家则以五行为指导,结合人体的实际情况来诠释拳理,并作为操练的法则。

二、武术与五行的结合——五行拳

在以五行思想为理论基础的武术拳术中,五行拳是突出代表。五行拳是形意拳的基本拳法之一,由劈拳、钻拳、崩拳、炮拳和横拳组成。由于该拳术以五行思想来解释拳理,所以得名"五行拳"。

武术家结合五行的理论思想和特点,对五行拳的演练提出具体的要求和内涵意义,如劈拳属金,其形似斧;钻拳属水,形如闪电;崩拳属木,似箭离弦;炮拳属火,其形似炮;横拳属土,滋养万物,为五拳之母。

由于木、火、土、金、水相互滋生,因此对应的拳也有相生的关系。劈拳能生钻拳,崩拳能生炮拳,钻拳能生崩拳,炮拳能生横拳,横拳能生劈拳。按照这一顺序,五行拳的演练套路就是"相生拳"。在实际运用中,所有拳都能生其他拳,形式灵活,不拘一格。

除了相生，五行还有相克的原理，而这也体现在五行拳上。劈拳克崩拳，崩拳克横拳，横拳克钻拳，钻拳克炮拳，炮拳克劈拳。按照这一顺序，五行拳的演练套路就是"相克拳"，也被称为"五行炮"。

第五章 武术与全民健身发展研究

武术在形成与发展过程中与我国传统医学、养生学、仿生学等学科文化相结合,展示了自身的健身价值,成为全民喜闻乐见的一项重要健身项目。武术本身就有独特的形式和内涵,近代武术的科学化趋势进一步强化了其健身养生功能,武术运动对神经系统、心肺功能、运动系统、内分泌系统等各器官系统的积极影响更加突出。长期进行武术健身锻炼,能发展人体的综合素质,提高人的社会适应性,延缓人的自然衰老,具有延年益寿的功效。武术强大的健身养生功能奠定了其在全民健身体系中的地位,同时也促进了全民健身内容与方法的丰富。本章主要就武术与全民健身发展展开研究,主要内容包括全民健身概述、武术的健身养生价值、武术在全民健身中的发展状况以及全民健身中武术的应用。

第一节 全民健身概述

一、全民健身的概念

全民健身中的"全民"是指包含十几亿具有中国国籍的国民,人无分老幼男女,地无分南北东西,甚至包括居住在国外的侨民。"健身"指的是增强和维护人的身体健康。我国学者在界定全民健身时,从对象和方法两方面出发,指出全民健身的含义是全体人民为了增强体质健康,采取有效方法与手段达到健身目的。

现在,我们不能单纯从字面意义上来理解"全民健身"了,应将其看作是一项事业、计划、战略和工程。总之,全民健身现在已经延伸为"中国特色的大众体育"的含义了。

二、全民健身的特点

(一)个体健身性

全民健身的个体健身性指的是选择健身活动项目、安排运动强度等要符合健身者个体的兴趣爱好、实际水平及需要。在大众健身领域,因为健身者的身体条件、性别、年龄、锻炼基础等都存在个体差异,所以盲目与他人比运动负荷是不科学的。必须坚持个体健身性,找适合自己的项目,运动负荷必须是自己能够承受的。个体健身性同时也是全民健身的一项重要原则。

(二)休闲娱乐性

调查发现,大众参与体育活动有多种不同的动机,排在前三位的动机分别是增强体力、增进健康;消遣娱乐;提高社交能力。很多人健身锻炼的目的都不止有一个,有的为了同时满足几种需求而参与健身活动。可见,当前,我国大众参与健身活动的动机具有复合性。虽然一个人可能是为了满足几种需要而进行健身锻炼的,但他的几种动机中,有主要动机和次要动机之分。休闲娱乐是大多数人在健身中追求的目的。

(三)系统性

全民健身的系统性指的是从广义的全民健身视角出发,在坚持健身锻炼同时,还要关注与增强人民体质相关的全部要素,如体质检测、体育文化宣传、体育社交,体育竞赛等。这些都是全民健身的重要组成部分,体现了全民健身的系统性。

三、全民健身的作用

(一)促进社会发展

本质上来说,社会发展就是人的全面发展。在我国社会发展系统中,全民健身是非常重要的组成部分。我国步入 21 世纪后,随着机械化、电气化和自动化程度的不断提高和现代交通的日渐发达,再加上信息技术的迅猛发展,从事体力劳动的人大大减少。而且随着社会竞争的日趋加剧,生活节奏越来越快,紧张情绪、精神压力及各种文明病、亚健康问题严重困扰着现代人。全民范围内的运动健身在这种情况下悄然兴起。

运动是预防现代文明病的有效手段,在我国经济与社会的发展中,体育所发挥的推动作用不亚于科技、教育、文化、卫生,而作为体育的"助推器",全民健身不仅促进了体育事业的发展,更推动了社会的有序运行。

(二)促进社会主义精神文明建设

全民健身在化解与缓和社会矛盾,维护社会秩序方面发挥着积极的作用。人民精神活动的进步状态能够反映出我国精神文明建设情况。现代社会竞争激烈,人们大都背负着沉重的精神负担,若不及时调整,各种心理问题就会接踵而至,社会矛盾也会因此而被激发。而作为社会"安全阀"的全民健身能够减少或缓解社会动荡和社会矛盾,全民健身活动的大力开展有助于人们形成合理的生活方式,也有助于积极向上、健康活泼的社会文化氛围的营造,这就大大推动了社会主义精神文明建设。

(三)促进体育经济与产业发展

在体育产业发展中积极开展全民健身活动,能够扩大体育产业的消费群体。现在,人民对服务业和消费品,即与人民健康生活有关的行业的需求在不断提高。人们在追求健康和生活质量的道路上是没有止境的,因此,人们对体育消费的需求也是无穷的,这就直接推动了体育健身、体育彩票、体育娱乐、体育表演、体育广告、体育康复等体育产业市场的发展。全民健身还能够带动旅游、交通等相关服务行业的发展。

(四)改善国民健康观

全民健身不仅改变了人们的生活方式,而且使我国居民的健康观、健身观等发生了重大变化,将健康问题放在价值观首位的人越来越多,人们越来越注重通过运动健身手段获取健康,"花钱买健康"的理念深入人心。

第二节　武术的健身养生价值

一、武术的健身价值

(一)有效发展肌肉

武术健身能够使身体各部位肌肉愈加发达,反复多次练习各种各样的武术动作方式,能够强烈刺激肌肉,促进新陈代谢,加强超量恢复,从而最大程度地发展全身各部位肌肉。

(二)提高神经系统的灵敏性

参加武术锻炼能够发展人的灵敏性和协调性,使上下肢活动能力得到提高,还能够增强神经系统的功能。武术动作复杂多变,健身者必须高度集中精神和注意力,必须具备极端敏锐的观察能力和快速灵活的思维能力,从而在关键时期能够迅速做出反应判断,正确果断出招。因此,武术健身有助于提高神经系统的灵敏性。

（三）提高免疫力，缓解疲劳

武术是一项技能性运动，要求健身者全身心投入，将脑、眼、手、脚协调起来。武术运动量大，速度变化多端，能有效消耗脂肪，塑形美体，缓解疲劳。经常参加武术健身活动，还能够使机体的灵敏性、协调性得到提高，使人体代谢功能、免疫力得到有效的改善。

（四）提高心肺功能

武术健身有助于人体心肺功能的改善和心脏工作效率的提高，同时有利于改善心血管系统功能和整个身体机能水平。

（五）提高关节灵活性和身体协调性

武术健身可以使关节活动更加灵活，使身体各部位更加协调。很多武术动作主要都是手脚运动为主，如果无法维持身体平衡，就不能准确规范地完成动作。武术动作的完成还需要健身者将全身多关节协调起来，共同发力。因此，武术锻炼对提高关节灵活性和身体协调性有积极意义。

二、武术的养生价值

（一）贵自然，陶冶人的和谐观念

太极拳是武术的典型项目之一，也是武术拳种中受我国传统哲学文化影响最深的一个，太极拳拳理的理论基础是太极阴阳学说，这也是行拳的根本，太极阴阳学说的核心是"天人合一"观，强调人与自然和谐。

松静自然，无拘无束，这是太极拳在技术上的基本要求，从宏观的太极论中，强调拳理与"天道"一致。阴阳对转的理论体现在太极拳中的虚实、开合、刚柔等变化中。

太极拳的行拳观念是顺乎自然、天人相通，使人在精神上排遣忧虑,身心达到轻松自如的境界,有利于陶冶人的风仪、格调、内在心境。

(二)求虚静,培养人的最佳情感

太极拳主静贵柔的拳理说明这项运动注重道德修养,追求人内心清净安宁。太极拳要求"心静用意",在一招一式中集中精神和意念,做到"心中无一物,及其虚灵"。

虚静是一种虚怀若谷、恬静无欲的平和心境。而借助武术拳术来达到这种心境颇有情趣。对追求修身养性的老龄人来说,太极拳是不可多得的"清心剂"。太极拳倡导静心养性、动中求静,是非常可取的养生方式。

(三)重养气,融健身、修心于一体

在养生学中,气是生命本原。武术中的太极拳集技击、养生、哲理于一身,十分关注气,包括运气、练气、养气,如"气沉丹田""绵绵若存,用之不勤"的要求等。

精神、心境与道德修养有密切的关系,养生在于养气,养气必须修心。太极拳用意练拳,行拳练气,虚静其心,以心行气,将气与心结合,能够使人的思想、精神得到修炼与升华。

第三节　武术在全民健身中的发展状况

一、武术在全民健身中发展的主要优势

(一)与全民健身战略目标相符

目前来看,健身和养生是武术运动最重要、最实用的作用。这一作用恰恰符合全民健身战略的实施目标,这也为在全民健身视角下继承与创新传统武术奠定了坚实的基础。

武术的养生体验体现在以下两方面：

第一，强健身体，促进人体免疫力和其他生理机能的增强。

第二，陶冶情操，使人的心理状态、情绪得到改善。

综合而言，传统武术在锻炼身体、促进内在精气神统一方面都具有重要的意义。此外，坚持武术健身锻炼，还能够使人体的综合素质得到提高，主要是因为武术动作的灵敏度、柔韧性比较突出，因此能够培养健身者的灵活性与柔韧性，同时也能够提高健身者的力量和速度素质水平等。武术的这些特点都表明其与全民健身战略的目标是相符的。

(二)对减少国家体育投资有利

虽然近年来我国社会经济在快速发展，而且发展成就可观，但是各地经济不平衡的问题依然制约了我国社会经济的进一步突破。在《全民健身条例》指导下，国家加大体育投资力度，但问题依然很多，如体育活动场所、运动器材无法使广大人民群众的健身需求得到满足等。而武术健身更加经济、实用，受场地和器材限制少，因此只要投资少部分资金就能够满足人们的健身需求，可见在全民健身中推广武术有利于国家体育投资的节约。

(三)能够促进群众体育队伍的充实

武术内容非常丰富，而且包含多种项目，可以为健身爱好者提供很多不同的选择，不同年龄群体都能找到适合自己的武术项目，可见武术对健身者的身体素质、年龄、性别等条件并没有严格的限制，健身者可以根据自己的实际情况，选择适合自己的武术项目来锻炼。这样，我国体育人口数量就能显著增加，我国体育队伍就会发展壮大，全民健身计划的实施会更加顺利。

二、武术在全民健身中发展的问题分析

(一)缺少统一的技术标准

中华武术博大精深，拳种门派众多，每个拳种又有多种派别，

这是武术的优点,但同时也是制约武术在全民健身中发展的缺点。武术门类繁多,因此很难制定统一的武术技术标准,再加上各门派拳种相互之间有偏见,故步自封,甚至相互排斥,所以很难统一技术规范。我国习武健身的人有很多,但是他们的健身动作可谓五花八门,各式各样,这不利于在全民健身中推广武术运动,限制了全民武术健身运动的发展。

(二)国家经费补贴不足

在全民健身中,人们多自发组织与参加武术健身活动,自费购买武术器械、服装、练功鞋,参加武术比赛也大都是自费。国家在竞技武术中投入大量资金,却忽视了健身武术的发展。竞技武术占据的资源远远要多于健身武术,但在整个武术活动人群中,专业竞技武术运动员所占比例很小,而武术健身人群数量很多。随着社会经济的迅猛发展,在全民健身中,在群众武术健身领域投入更多的资源将对提高人民群众整体的身体素质,对促进国家发展进步有重大的意义。

(三)专门活动空间有限

群众大都在公园、广场等公共区域参与武术健身活动,没有固定的练习场馆。在这些公共场所活动,难免会对公共秩序产生不良影响,而且其他公共活动也会影响武术健身效果。

另外,室外天气、气候等自然条件会影响人们进行武术健身,武术健身活动在炎热夏天、寒冷冬天都不适合室外开展,遇到下雨或下雪等天气也会受到影响。同时,室外场地中压腿杠、地毯等辅助练功器械缺乏,健身者容易受伤。

(四)优秀健身武术教练员稀缺

当前,社会上开展的武术健身活动大多具有自发性,参与人员的水平高低差异明显,教练员基本上也是在广场和公园学习武术,师承关系并不严格,而且没有接受专业且系统的指导,甚至有些教练员看教学视频来自学,因此,健身武术教练员大都不够专业。

健身武术教练员专业素养的低下会使健身者动作不标准,这样会影响锻炼身体的效果,甚至会造成损伤,如膝盖受损等。为了避免健身者在武术健身中进入误区,需要提高教练员的专业指导技能。

三、武术在全民健身中的发展策略

(一)提高健身武术的标准化

健身武术标准化体现在健身武术的各个方面,具体涉及健身武术的技术、服装、器械、场地及组织与管理等方面。在武术健身推广中,由于武术内容丰富,动作繁杂,所以局面比较混乱。为了使全民武术健身活动的开展更加科学、有序、高效,国家武术主管部门应及时组织武术专家开会研讨,积极对健身武术的标准进行制定,这样有利于更好地推广健身武术项目。

提高健身武术的标准化,也有利于进一步完善健身武术开展效果的考核评价体系,同时对促进全民武术健身活动的新发展也有积极的作用。

(二)加大政府补贴力度

大众武术健身具有自发性,人们自筹经费参与武术活动。健身武术的发展离不开政府的支持,所以政府应从经费补贴上给予扶持和鼓励,从而为群众参与武术健身活动提供基础条件。

政府提供补贴的具体操作是,依托各级武术协会,武术健身者在当地武术协会注册会员,然后参考本地标准领取补贴。领取补贴是有明确标准的,如一周期设定为一个季度,在一周期内,领取补贴的人必须参加一定次数的武术健身与竞赛活动。

另外,对于群众参加武术比赛的奖励范围和奖金额度,可适当扩大和提高。

以上措施能够将群众参与武术健身的积极性充分调动起来，推动大众武术和全民健身发展。

(三)合理规划武术活动空间

随着城市化发展速度的加快，城市中越来越缺少休闲娱乐空间，这同时也限制了群众进行健身活动的空间。群众大都在广场、公园中习武健身，独立的健身活动空间很少，社会效率大大降低。所以，政府应该合理规划全民健身活动空间，使群众参与健身活动的基本需求得到满足。

比如，可以在广场、公园等公共活动场所规划专门的武术健身场地，还可以参考太极、八卦图案进行场地设计，这样武术健身就会与武术文化融合起来。

此外，对于室内公共体育馆，可适当实施开放政策，对武术健身基地进行建设，向公众免费开放，使人民群众习武的积极性进一步提高。

(四)大力培训健身武术教练员

当前，在我国大众武术健身发展中，教练员水平低，动作不规范，直接影响了武术健身活动效果，甚至带来了其他一系列负面影响。因此，必须加大对健身武术教练员的培训力度，通过专业培训和考核，为武术健身的发展培养强大的教练员力量，使人民群众的需求得到满足。

在健身武术教练员培训中，健身武术理论、技术、运动生理学知识及运动损伤防救知识是主要培训内容，通过这些方面的培训，提高教练员教武术和预防损伤的能力。

第四节　全民健身中武术的应用

武术是全民健身的主要内容与有效手段，选择适合自己的武术项目,通过科学合理的方式参与其中,能够有效提高健身效果。本节主要就全民健身中太极拳和刀术的应用及方法进行研究,以为人们参与这两项武术健身运动提供指导。

一、全民健身中太极拳健身养生指导——以 24 式简化太极拳为例

(一)第一组

1. 起势

左腿向左移一步的距离,两臂平行向前举,双膝稍屈按掌(见图 5-1)。

①　　　②　　　③　　　④

图 5-1　起势

2. 左右野马分鬃

抱手收脚,转体迈步,弓步分手;转体撤脚,抱手收脚,转体迈步,弓步分手(见图 5-2)。

①　　　②　　　③　　　④

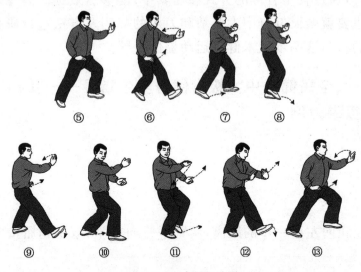

图 5-2　左右野马分鬃

3. 白鹤亮翅

跟步抱手,臀部后坐同时转上体,虚步分手(见图 5-3)。

图 5-3　白鹤亮翅

(二)第二组

1. 左右搂膝拗步

腰部与胯部放松,肩下沉,肘下垂,弓步推掌(见图 5-4)。

图 5-4　左右搂膝拗步

2. 手挥琵琶

跟步展臂，身体后坐挑掌，虚步送手（见图 5-5）。

图 5-5　手挥琵琶

3. 左右倒卷肱

转体撤手，提膝屈肘，退步错手，虚步推掌（见图 5-6）。

① ② ③ ④

⑤ ⑥ ⑦ ⑧

⑨ ⑩ ⑪ ⑫ ⑬

图 5-6　左右倒卷肱

（三）第三组

1. 左揽雀尾

转体撤手，抱手收脚，迈步分手，弓步拥臂，转体摆臂，转体后捋，转体搭手，弓步前挤，后坐收掌，弓步前按（见图 5-7）。

图 5-7　左揽雀尾

2. 右揽雀尾

转体撤手，抱手收脚，迈步分手，弓步拥臂，转体摆臂，转体后捋，转体搭手，弓步前挤，后坐收掌，弓步前按（见图 5-8）。

（四）第四组

1. 单鞭（1）

转体摆臂，勾手收脚，转体迈步，弓步推掌（见图 5-9）。

图 5-8   右揽雀尾

图 5-9   单鞭(1)

2. 云手

转体扣脚,转体松勾,收步云手,开步云手(见图 5-10)。

图 5-10 云手

3. 单鞭(2)

转体勾手,转体迈步,弓步推掌(见图 5-11)。

图 5-11 单鞭(2)

(五)第五组

1. 高探马

跟步松手,身体后坐并翻手(见图 5-12)。

图 5-12　高探马

2. 右蹬脚

穿掌提脚,迈步翻手,分手弓腿,跟步合抱,提膝分手,分手蹬脚(见图 5-13)。

图 5-13　右蹬脚

3. 双峰贯耳

屈膝落手,迈步分手,弓步贯拳(见图 5-14)。

4. 转身左蹬脚

转体分手,收脚合抱,提膝分手,分手蹬脚(见图 5-15)。

图 5-14　双峰贯耳

① ② ③ ④ ⑤ ⑥

图 5-15　转身左蹬脚

（六）第六组

1. 左下势独立

收脚勾手，屈膝下蹲成开步，仆步穿掌，弓腿起身，独立挑掌（见图 5-16）。

① ② ③ ④
⑤ ⑥ ⑦

图 5-16　左下势独立

2. 右下势独立

落脚勾手,屈膝下蹲成开步,仆步穿掌,弓腿起身,独立挑掌(见图 5-17)。

图 5-17　右下势独立

(七)第七组

1. 左右穿梭

落脚转体,抱手收脚,迈步错手,弓步推架;转体撇脚,抱手收脚,迈步错手,弓步推架(见图 5-18)。

图 5-18　左右穿梭

2. 海底针

跟步松手,身体后坐并提手,虚步插掌(见图 5-19)。

图 5-19　海底针

3. 闪通臂

提手收脚,迈步分手,弓步推掌(见图 5-20)。

图 5-20　闪通臂

（八）第八组

1. 转身搬拦捶

转体扣脚，坐身握拳，垫步搬拳，转体收拳，上步拦掌，弓步打拳（见图 5-21）。

图 5-21　转身搬拦捶

2. 如封似闭

穿掌翻手，身体后坐并收掌，弓步按掌（见图 5-22）。

图 5-22　如封似闭

3. 十字手

转身扣脚，弓腿分手，转体落手，收脚合抱（见图 5-23）。

图 5-23　十字手

4. 收势

翻掌分手，分手下落，双脚并立还原起始姿势（见图 5-24）。

图 5-24　收势

二、全民健身中刀术健身养生指导

下面重点分析刀术健身中,对健身者身心健康有利的主要刀法。

(一)抹刀

(1)开步站立,右手持刀,直臂前举,左掌立于右前臂内侧。目视前方。

(2)腰向右拧转,右臂内旋,刀刃向左,由前向左弧形抽回,左掌顺势助力,仍按于右前臂内侧(见图5-25)。

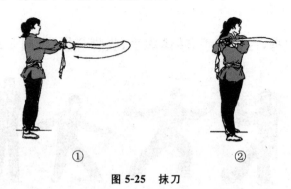

① ②

图5-25 抹刀

(二)砍刀

(1)开步站立;右手持刀直臂举于右斜上方,左掌按于胯旁。眼睛视前方。

(2)右手持刀,直臂向左下方斜砍,与此同时左掌上合,立掌于右肩前方。眼睛正视刀尖(见图5-26)。

① ②

图5-26 砍刀

（三）劈刀

（1）右脚在前，错步站立；右手持刀上举，刀刃向前，刀尖向上，左掌按于胯旁。目视前方。

（2）右手持刀，由上向下直臂劈至体前，左掌屈肘上合，置于右肩前（见图5-27）。

①　　　　　　　　②

图 5-27　劈刀

（四）撩刀

（1）右脚在前，错步站立；右手持刀，直臂前举，左掌立掌于右肩前方。眼睛正视前方。

（2）右手持刀，臂内旋，直臂向上立绕至体后再变外旋，向下沿身体右侧贴身弧形向前撩至体前上方，刀刃向上，左掌前伸，直臂向上绕至体侧。目视刀尖（见图5-28）。

①　　　　　　　　②

图 5-28　撩刀

（五）斩刀

（1）左脚在前，错步站立；右手持刀，直臂前举，左掌立于右上臂内侧，眼睛正视前方。

（2）身体右转，右臂内旋，刀向右横击，与此同时左掌直臂向左侧平分。眼睛视右前方（见图5-29）。

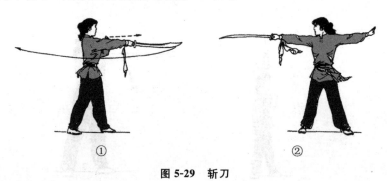

①　　　　　　　　　　　　②

图5-29　斩刀

（六）扫刀

（1）左脚在后下蹲成歇步；右手直臂持刀于身体右侧，刀尖与踝关节同高，左掌直臂举于左斜上方，目视刀尖。

（2）身体左转约270°，右臂外旋，刀刃向左，随转体向左旋转平扫一周，左掌合按于右手腕处（见图5-30）。

①　　　　　　　　　　　　②

图5-30　扫刀

（七）挂刀

如图5-31所示，刀尖由前向上、向后或向下、向右划弧。力达刀背前部。持刀手以肩为轴，手腕绷紧，以腰带臂，刀尖领先，贴身划圆。

①　　　　　　　　②

图 5-31　挂刀

（八）截刀

（1）左脚在前，错步站立；右手持刀，直臂前举，左掌立掌于右肩前方。眼睛正视前方。

（2）身体右转，左脚收至右脚内侧成丁步；随转体，右手持刀，刀刃斜向下截至身体右侧，同时左掌直臂向左斜上方分掌。目视刀尖（见图 5-32）。

①　　　　　　　　②

图 5-32　截刀

（九）扎刀

（1）开步站立，右手持刀放于右胯旁，刀尖指向前方，左掌按于左胯旁，眼睛正视前方。

（2）右手持刀，屈肘上提再直臂向前直刺，左掌弧形上摆立于右前臂内侧。眼睛正视前方（见图 5-33）。

图 5-33 扎刀

（十）点刀

（1）右脚在前，错步站立；右手持刀，左掌直臂侧平举，眼睛视右前方向。

（2）右手提腕，刀尖猛向下点，左掌合按于右手腕处。目视刀尖（见图 5-34）。

图 5-34 点刀

（十一）崩刀

（1）开步站立，右手持刀。直臂侧平举，左掌直臂侧平举，目视右前方。

（2）右手沉腕，使刀尖猛向上崩，左掌内合按于右前臂内侧。目视刀尖（见图 5-35）。

图 5-35　崩刀

（十二）挑刀

（1）右脚在前，错步站立；右手持刀，直臂前平举，左掌立于右上臂内侧，眼睛正视前方。

（2）右手持刀，直臂上挑，左掌立于右肩前（见图 5-36）。

图 5-36　挑刀

（十三）按刀

（1）开步站立，右手持刀侧平举，左掌直臂侧平举，目视右前方。

（2）右臂外旋，刀向上弧形按于身体左侧，与腰同高、刀尖向左，左掌合按于右手腕处，目视刀尖（见图 5-37）。

① ②

图 5-37 按刀

（十四）格刀

（1）左脚在前，错步站立；右手持刀，直臂前举，左掌立于右前臂内侧，眼睛正视前方。

（2）右臂内旋，刀尖向下，刀刃向外。

（3）身体右转，右手持刀向右格挡，左掌按于右前臂内侧，目视前方（见图 5-38）。

① ② ③

图 5-38 格刀

（十五）缠头刀

（1）开步站立，右手持刀于体侧，刀尖向前，左臂前举，肘关节微屈，指尖向上，成侧立掌。目视前方。

（2）右臂内旋上举，刀尖下垂，刀背绕至左肩，左臂屈肘，左掌摆至右上臂外侧，成立掌。

（3）刀背贴背绕过右肩，向左平扫至左腋下，刀刃向左，刀尖向后上方,左掌向左、向上架于头上方(见图5-39)。

① ②

图 5-39　缠头刀

(十六)裹脑刀

(1)开步站立,右手持刀置于左腋下,刀刃斜向后,刀尖向后上方,左掌架于头上方,目视前方。

(2)右手持刀,向右平扫至体前再臂外旋上举,使刀尖下垂,刀背沿右肩贴背绕至左肩,左掌向左下落至平举再屈肘平摆至右腋下。

(3)右手持刀下落,置于身体右侧,刀尖向左前,左手向前推出成立掌(见图5-40)。

① ② ③

图 5-40　裹脑刀

(十七)云刀

(1)右脚在前,错步站立;右手直臂持刀成侧平举,左掌直臂成侧平举,眼睛视右前方。

(2)右臂内旋上举再变外旋,使刀在头顶上方平圆绕环一周,左掌内合按于右手腕处,目视前方(见图 5-41)。

① ②

图 5-41 云刀

(十八)藏刀

1. 平藏刀

开步站立;右手持刀,刀尖斜向下藏于右髋侧,左掌直臂前推为平藏刀。眼睛视正前方。

2. 拦腰藏刀

右脚在前,错步站立;右手持刀,刀身横平,刀尖向后,藏于左腰侧,左掌架于头上方,为拦腰藏刀。

3. 立藏刀

开步站立;右手持刀,刀身竖直藏于左臂后,左掌架于头上方为立藏刀。眼睛视正前方。

以上三种藏刀功法分别如图 5-42 之①、②、③所示。

(十九)背刀

(1)开步站立,右手持刀往斜上举,刀背贴靠于后背,左掌直臂侧平举。眼睛正视前方。

(2)开步站立,右手持刀,臂内旋背于身后,刀尖向左斜上方,左直臂侧平举,目视左前方(见图 5-43)。

① ② ③

图 5-42 藏刀

① ②

图 5-43 背刀

（二十）架刀

（1）左脚在前，错步站立；右手持刀，直臂前举，左掌立于右前臂内侧。眼睛正视前方。

（2）右臂屈肘内旋，刀尖摆向左侧，左手附于刀身前部，双手向上横向托起，举刀高过头，刀刃向上（见图 5-44）。

① ②

图 5-44 架刀

第六章　武术与竞技体育发展研究

随着现代社会的快速发展,武术文化作为我国民族文化的一种表现形式得到了很大的发展,同时获得了更好的普及和推广。武术的发展途径有很多种,其中因其所具有的技击价值和竞技性使其向着竞技体育的方向发展,并将成为奥运会正式比赛项目作为目标。本章就武术与竞技体育发展进行研究。

第一节　竞技体育概述

一、竞技体育概述

(一)竞技体育的分类

根据不同的划分标准,可将竞技体育划分成不同的类型。例如,根据竞争的目的来分,可将竞技体育划分为技巧动作竞技、记忆竞技和几率竞技等类型;根据参与的人数多少,可以分为单人、双人和团队等类型;根据活动开展的空间可以分为陆上、水上、冰上和空中等类型。而从竞技体育社会学的角度来看,竞技体育可以分为非正规竞技体育、组织化竞技体育和商业化竞技体育三个类型。下面主要就以上三种类型的竞技体育进行阐述。

1. 非正规竞技体育

非正规竞技体育,是指运动参加者为达到娱乐休闲目的而进行的带有健身性和游戏性特点的身体活动。虽然说这些活动并不属于正规的竞技体育，但它们同正规的竞技体育是一样的，这些活动的开展同样是在运动规则的指导下来进行，只不过这些规则并没有竞技体育那么严苛，具有明显的临时性和随意性等特点。

一般来说，非正规的竞技体育在组织方面比较松散，在开展运动时有时甚至不需要裁判员，场上出现的争议问题主要是由双方通过协商来处理。这种运动几乎没有任何功利目的，参与运动的人也不是为了达到一个多么高的技术水平。一般非正规竞技体育包括学校班级间的非正式比赛、社区组织的竞赛、大众体育中的初级竞赛活动等。

2. 组织化竞技体育

组织化竞技体育的特征为其拥有一个基本的管理组织，为了能够使比赛双方在一个公平的环境下争夺"利益"，于是它有正规的球队、团体和竞赛活动章程、规则，以及有关的组织体系，并提供运动设施、管理人员，在有争议时可以出面仲裁，还为参加者提供训练和比赛的资格和机会，维护参加者的合法权益。一般组织化竞技体育包括各国各地区体育协会、职业俱乐部、体育运动青年会、大学球队等。

在我国组织化竞技体育开展得较早，如我国体工队、体育运动专科学校、业余体校和高校组织成立的高水平运动队。这一类组织是在竞技体育的基本体育宗旨和业余原则指导下开展活动的，是社会发展高水平竞技体育的主体，也是最需要进行改革和发展的部分。

以俱乐部的形式发展竞技体育已经成为世界通行的方式，这种民间的自发组织形式可以充分调动全社会办体育的积极性，也是鼓励社会广泛参与的途径。然而在我国，俱乐部的建设尚处于起步阶段，与国外高度商业化和职业化的体育运作方式相比其基础还很薄弱，即便是职业化较为成功的足球和篮球运动，其基础仍旧显得十分脆弱。这种不足是全方位的不足,它不仅体现在俱乐部的运作方式上,更体现在相关部门的竞技体育运动职业化理念和管理模式上,这一点需要引起足够的重视。

3. 商业化竞技体育

商业化竞技体育具有非正规竞技体育与组织化竞技体育的某些要素,但其更多地被笼罩于某种商业目的或企业文化目的之下,由此使得竞技体育中增添了许多商业活动和商业行为,甚至是一种强权政治的延伸。这种竞技体育具有高度组织化的特征,参与者被分割成对立的利益群体。

职业体育的诞生要早于现代奥林匹克运动。当时在一些体育发达的欧美国家,一些运动队组成俱乐部联盟,以此更好地彼此沟通和协调,促进该项运动的交流与发展。美国第一支职业体育球队是 1868 年成立的职业棒球队,从此,美国开始发展有组织的职业体育。在这种模式的促进下,俱乐部开始进行相关的经济运作,如出售比赛门票和纪念品等。由于门票收入较为客观,这引得其他运动组织也悉数效仿这种商业运作模式,后来美国又陆续组建了职业拳击、马术队。此外,德国、法国、意大利、荷兰、俄国等,在这一时期也出现了以营利为目的的职业体育组织和相关运动。

近几十年来,随着欧美国家商业对体育的渗透,职业体育获得很大发展,并由此向全世界蔓延。目前,世界上大约有 40 个国家在发展职业体育。最为普及的项目有足球、篮球、棒球、拳击、自行车、高尔夫、网球、冰球等。

在创办现代奥运会的初期,为了保有奥运会的神圣纯洁性,奥运会倡导者顾拜旦和一些欧美绅士就坚定地提出抵制职业运动员参加奥运会。与非政治化、非商业化、非女性化等早期奥林匹克原则一样,非职业化原则带有明显的复兴古奥林匹克传统的理想主义色彩。

然而,从现代奥运会诞生之日起,非职业化原则就引起人们的争议。由于对非职业化原则的概念和定义的理解不一以及其他因素，现代奥运会的早期在历史上出现过多次由于运动员非职业资格问题而导致的剥夺运动员所获奖牌的事件，也发生过国际单项体育联合会和国际奥委会之间关于是否允许职业运动员参加奥运会问题的纠纷。尽管从 1896 年第一届现代奥运会到 20 世纪 70 年代初，禁止职业运动员参加奥运会的立场并没有根本性的改变，随着时代的发展，以非职业化原则来保证现代竞技运动的思想内容的美好愿望与现实社会已难以适应。西方国家职业体育的蓬勃发展，职业与变相职业运动员日益增多，给传统的奥运会非职业化原则带来一次又一次冲击。为适应社会和国际奥林匹克运动的发展，1972 年，国际奥委会对这一原则的态度逐渐有所转变。1974 年，在维也纳召开的国际奥委会会议，决定允许奥运会参赛运动员因参加训练和比赛而获得工资补偿，允许运动员在食、宿、交通、运动装备、医疗、保险等方面获得资助，也允许西方国家的大学生运动员获得体育奖学金。这样，就使得东西方国家相互指责的对方运动员破坏非职业化原则的各种现象合法化，使得不同体制国家的运动员在训练条件和参赛条件上的差异缩小，使运动员能够在比较平等的条件下参加比赛。另外，允许职业运动员参加奥运会也是诠释奥运会"更高、更快、更强"的精神追求，在这种思想下，自然是能者取胜，弱者失败，而这一切应该与该运动员是否为职业选手没有任何关系。

(二)竞技体育的特点

1. 公平性特点

要想使竞技体育的结果服众，首先就需要保证竞技比赛的公平性，而这也是竞技体育的基本特点。具体来说，竞技体育的公平性特点是想让竞技体育比赛在合情合理、公正、公开的环境下进行，赛事组织者和工作人员不偏袒任何参赛者。之所以将公平性作为竞技体育的基本特点就在于如果竞争不是在公平环境下进行的,那么竞技体育将无法正常进行,可以预想到的比赛将是一片混乱。

为保证公平、公正地进行竞争,竞技体育的组织者对比赛项目、时间、地点、场地器材及运动员的参赛资格做出了明确的规定;对运动员的参赛行为及比赛组织和裁判工作制定了严格的行为规范。比赛规程和规则就是其中最主要的要求参加者共同遵守的行为规范,不仅比赛必须严格根据规程和规则的要求来进行,平时训练也必须针对规则的要求有针对性地进行。

2. 规范性特点

现代竞技体育的发展要求运动员必须具有高度完美的技艺,否则就难以取得比赛的胜利。高度的技艺性是竞技体育赖以存在的基础,但高度的技艺又是在对技术、战术和各种训练的规范性要求的基础上建立起来的。

竞技体育的规范性还表现在各个竞技体育项目竞赛规则、竞赛规程等制约机制的规范性和竞技体育管理的规范性等方面。竞赛规则是保证竞技体育开展公平竞争的法律性文件,竞赛规则的核心是平等,它不承认除身体、心理技术以外的任何不平等。竞赛规则具有模拟社会法规的性质,具体如下:

(1)竞赛规则和任何法律一样,必须明确规则的适用条件。各种不同的规则适用于不同的项目,不同性质和级别的比赛,也有其特殊的条款。

(2)竞赛规则必须对竞赛场上的各种动作或行为做出明确的规定,说明哪些是允许的、要求的或禁止的,供运动员、教练员遵守。

(3)与一切逻辑上完整的法律一样,竞赛规则也指明了违反规则后应承担的法律后果。任何竞赛规则都具有罚责,并规定了对违反规则行为的处理办法。比赛之所以能使激烈竞争中的双方保持清醒的头脑,做到令行禁止,和竞赛规则所具有的强制性是分不开的。

（4）竞赛规则要明确指出判别胜负的原则和指标。

（5）竞赛规则具有权威性，它形成的文字经过国家的体育权力机构或国际单项运动联合会审定公布，任何人都不得随意修改和解释。

3. 极限性特点

竞技体育的发展，尤其是现代竞技体育运动，其运动技术在多种体育科技的帮助下已经到达了一个非常高的水平。现代运动员要想在比赛中获得胜利，需要从小参加专业的系统训练，然后再历经多年甚至十余年的努力才能有机会达到一定的高度。竞技体育中的任何一个运动项目的参加者，必须要表现出超人的体力和娴熟的技艺，直达人体的极限。这是任何其他体育活动所不可比拟的。正是由于现代竞技体育的发展水平将至人体的极限，所以世界大赛的结果往往扑朔迷离，不到比赛的最后时刻谁胜谁负都难见分晓。由此可以看出现代经济体育的胜者和负者之间水平的差距已经相当微弱，甚至比赛已经成为了哪方少犯错误的地步。

4. 竞争性特点

竞技体育本身就具有竞技性的特点。细化来讲，竞技一词中的"竞"字，是指比赛和竞争；"技"，是指运动技艺。将两词的意思合并在一起即为在运动技艺比赛中比较双方的技艺水平高低的活动。激烈的竞争性就成为竞技体育区别于其他体育运动的最本质的特点。竞技体育表现出一种强烈的排他性，即从事实上说，竞技比赛的结果只有一个胜者。这种性质显得非常残酷，因此，为了成为优胜的一方，就需要运动员在日常训练中加倍努力，不断提高自身身体技能、心理素质、战术意识、团队精神以及把握机遇的能力，以此获得战胜对手的能力。

5. 公开性特点

公开性与公平性从性质上来讲有些类似的地方，其本意都是为了竞技体育运动能够正常地开展。现代通信系统的发展,使重大的体育比赛活动能够成为吸引全球数亿人关注的社会活动。而且,竞技体育具有比一般社会活动更为明显的公开性和外相性特点。在运动训练方面,新的运动技术和训练方法,经由运动员的比赛,很快就可为大家共享,同时也可能会成为被对手利用而战胜自己的武器。因此,竞技体育的公开性也在很大程度上促进了竞技体育的不断创新和发展。

同时,竞赛的结果是否有效与公平,往往很大程度上取决于它的公开性。这种公开性就是所谓的"透明度"。竞争的公开性是一种社会民主的主要标志,不能向民众公开的竞争,就会有人怀疑它的真实性。竞技体育提倡的竞争,就是要求竞技体育在高度公开的情况下进行,是一种体现了高度民主精神的竞争。

6.功利性特点

竞技体育拥有追求功利目的的特点,这也是竞技一词的最好体现,特别是在商业化和经济化的竞技体育中更是如此。在功利性特点的作用下,从理论上讲,竞技体育应该是在规则允许的范围内毫不留情地击败对手,除此之外,它还体现在一些集体项目中只有能者上、弱者下的规则。

竞技体育的竞赛活动在规则的基础上确定比赛的等级和差别,然后决定胜负与名次,随之而来的是优胜者的物质奖励和社会荣誉。竞技体育的功利性具有如下特征:

(1)功利性特点产生和确定于对抗之中,经过一定形式的社会承认,因此结论是不容置辩的。

(2)功利性特点的确定过程直接而迅速。因为竞技体育的功利追求和确定具有这样的特征,所以更容易激发强烈的竞争愿望。

国家、民族、团体之间某些方面的较量,如政治制度的优劣、经济实力的强弱、科学技术水平的高低等的评价均需大量的工作和实践的检验,而竞技体育竞赛结果的判定过程则是明确而迅速的。所以,竞技体育的竞赛结果经常用来显示国家、民族或团体的优越性。

7. 群体性特点

竞技体育的群体性特点的意义为竞技体育运动必须由若干运动员组成群体来行动。必须有一定数量的运动员同时参与,才有可能组合竞赛活动,这也是竞技体育的组成部分之一。在个人项目的竞技体育运动中群体性特点的表现尚不明显,而在集体运动项目中,这种群体性的特点表现得更为突出。例如,足球、篮球、排球等机体竞技运动项目,在集体中的每一个个体都要发挥各自的作用,成为集体的有机组成部分,由此使集体具备一定的功能以完成预期制定的比赛目标,此为外部集体性和团队性。除此之外,竞技体育的群体性还表现在运动员或运动队与其他个人或集体的关系之中,即所谓的内部集体性,如与教练员、科研人员、管理人员的关系,与裁判员、球迷和观众等各方面人员之间的关系。所以说,竞技体育是由很大的群落系统参与的社会行为。

8. 观赏性特点

竞技体育虽然是以运动员为主体的,但是构成竞技体育还不能缺少另一个关键组成部分,那就是观众。现代竞技体育的竞争性日益加强,这种竞争性几乎已经完全遮蔽了最原始的休闲娱乐性。竞争性的增强带来的是越发增强的观赏性。当然,这种观赏性不仅限于观众对对阵双方的观赏,还包括对手与对手之间的彼此观赏。因而,观赏比赛成为广大群众休闲娱乐的最好的方式之一。竞技体育以其独特的观赏性赢得广大群众的认可和支持,奠定了其自身发展的坚实基础。

二、竞技体育文化的内涵

在长期的发展过程中,竞技体育不断发展,在不同时期被赋予了不同的内涵。下面是诸多学者提出的关于竞技体育文化的观点和见解。

学者曾志刚和彭勇认为"竞技体育文化所具有的价值和意义是非常重大的,它既能够对民族精神进行弘扬,并彰显和展示民族个性、民族特色和民族魅力,同时对于精神文明的建设也是非常有利的。除此之外,竞技体育文化还具有人本思想,主要表现为奥林匹克运动中的人本思想和竞技体育运动的大众文化。"

学者李龙和陈中林认为:"和谐这一内涵始终都孕育在竞技体育文化之中,这主要从人自身和谐的构建这一方面得以表现出来,对和谐的人的个体进行构建,就是指要使人既要具有健康的身体,同时也要具有健全的人格,并且具备正确的人生观和世界观,能够对个人与环境的关系进行正确的看待和处理。"同时,认为:"对人与自然的和谐进行构建就是指既要对人类进行关注,同时又要对自然进行关注,从而实现人与自然携手,生物与非生物共进,过去与现在相统一,现代与未来对话,时间同空间相互协调;在对人与人之间的和谐进行构建时,人与人之间公平、公正的关系,每个人享有权利与义务对等,在整体上没有根本利益冲突、个体之间存在一定利益冲突的前提下,能达到相互激励、相互促进又相互依赖的人际互助社会构想;构建国际社会关系和谐。"

李秀认为:"在传统文化和历史方面因素的影响下,中华民族传统体育从整体上表现出了'中和''中庸'的价值观念,在传统体育发展的过程中,对'养生化'的价值主线以及'境界''意念'对生命的价值进行了着重强调。西方体育更加倾向于另外一个维度,人体肌肉的健美、人体外形的称颂、健壮的体格则是其始终追求的目标。"

白晋湘则认为:"对于个人修养,中华民族传统体育文化是非常重视的,并且追求'健'和'寿'为目的,融进了身心合一、动静结合的导引养生、武技的发展,这也大大削弱了体育运动所具有的竞争性;而西方竞技体育文化却始终坚持朝着惊险性、竞技性、健美性、公开性、趣味性的方向发展,对人的全面发展非常注重,而对人在竞争中的道德教育予以忽视,这容易造成残忍和暴力。"

张恳和李龙认为:"竞技体育追求的是身心的和谐一致,展现的是力量的较量,表现的是一种充满活力、积极向上的拼搏精神,中国现代竞技体育文化展现的是一种精英文化、彰显的是一种和谐理念、传播的是一种礼仪文化、具有浓郁的民族文化特色、包含大量的健身文化元素、体现出一种道德文化。"

邱江涛和熊焰认为:"作为一种比较特殊的体育文化现象,竞技体育中,以竞技体育文化作为核心的奥林匹克运动涵盖了一半体育文化的范畴,逐渐成为了社会发展的主流文化,这也更加体现出了竞技体育文化所具有的特殊性。"

总的来说,竞技体育文化作为体育文化的重要组成部分,它包含了国际关系的和谐、人与自然的和谐、人与人的和谐和人自身的和谐等内容,同时也体现出了公正、公平、积极乐观向上、充满活力的拼搏精神。

三、竞技体育文化的特征

(一)选择性特征

竞技体育文化具有选择性的特征,这主要表现在竞技体育活动的主体的选择活动。在竞技体育活动中,参与主体的选择其实就是人与体育活动的双向选择过程,不同的参与主体有不同的选择,也可以说是活动内容对不同参与主体的选择。根据参与主体、活动的内容、社会角色等来对这种选择进行确定。通常来说,普通人是不可能参加一级方程式赛车、高尔夫球等运动的,而参与各种竞技体育项目的运动员则可以。

竞技体育活动内容的选择性主要受两个方面因素的制约,即活动内容本身和不同的参与主体。在竞技体育中,运动员选择的活动内容在形式上体现出高度的专门性,但需要注意的是,也有一些运动员在其他项目方面也表现出高超的能力和技艺,如"飞人"乔丹既是篮球高手,又是棒垒球高手。在确定好竞技体育活动的主体和内容后,下一步就是活动方式的选择。但需要注意的是,尽管可能会出现不同社会角色选择同一活动内容,但是活动方式在质量和数量上仍然具有明显的差异。以竞技体育运动员和大学生为例,二者尽管选择了同一运动项目,但参与运动的方式却不同,运动员参与运动中所表现出来的竞争性和竞技性要更加强烈。

(二)多样性特征

体育文化的内容异常丰富,其中包含诸多角色,不同的角色在某种条件下都会形成一定的体育文化形态。在竞技体育中,包含教练员、运动员以及各个部门的管理人员等角色,通过这些角色的通力合作,运动队才能取得理想的比赛成绩,进而获得好的发展。对于观众来说,观众通过欣赏高水平赛事,能很好地宣泄自己的情感,起到愉悦身心的作用。对于赛事组织者和管理者来说,体育活动只是一个工具,在竞技体育高速发展的今天,竞技体育逐渐发展成为市场经济下商品社会的附属品,体育经理人对赛事的操作,队员的转会实际是运动员作为商品的买卖,更多的表现出的是商业利益,对利益的追求是运动队的根本目的。如西班牙皇家马德里足球队来华访问,其根本的目的在于从中获得一定的商业价值,其次才是中国足球队与其之间的沟通和交流。从这一点上来说,竞技体育中的不同角色都直接产生了经济效益和社会效益。

竞技体育文化自身的内涵非常丰富,参与者将体育作为一种健身健心的手段,从而使自己获得生理和心理上的享受,这也将现代人们的体育价值取向充分反映出来。体育文化的多样性反映了不同角色以不同目的或价值取向以及参与方式而形成的文化形态,很明显,体育活动内容的多样性与民族文化、地域环境等因素是分不开的,正是在诸多因素的影响下才产生了多种多样的体育文化形态,这些体育形态经过长时间的发展和完善从而为广大民众所接受,进而获得了多样化的发展。

另外,竞技体育文化在内容上也具有特殊的指向,在某一体育赛事中,运动员参加比赛要根据组织者指定的活动内容进行,但对于一般民众来说,他们可以根据自己的具体实际和爱好自由选择可参加的体育活动。在这一点上,后者对活动内容的选择具有较大的自由度和随意性,一般来说,具有较强的健身特性,而竞技体育的"竞争性"却很少见。这也就表明,活动内容所具有的多样性要对活动方式的选择产生相应的作用。根据不同的活动内容和活动目的,参与活动的主体所采用的参与方式也是有所不同的。总的来说,运动员自身的价值是在运动训练和运动比赛中得以实现的,而普通民族的自身价值是在自发的活动中实现的。

(三)规则性特征

竞技体育文化具有的规则性特征,主要表现为竞技体育主体参与运动比赛受各种规则的制约。在竞技体育中,参与体育运动的主体要想参加某种体育项目,必然会受到这一项目规则的相关约束,否则这种特殊游戏的运动进程就很难得到有效把握,事实上这是物对人的制约,同时也是参与运动主体之间的相关制约。

总之,竞技体育活动主体的规则性是自我约束机制的产物,是体育不同于其他活动方式的准绳,也是体育文化内部多种形态的基础。否则,体育运动就不可能呈现出现在这样的文化形态。

(四)互动性特征

体育文化是在人与自然、人与人关系的过程中的行为意识、行为方式、行为准则的积淀,这种积淀只有在活动的主体,即人与人在特定条件下的互动中才可以实现。而竞技体育文化同样如此。

在竞技体育中,参与主体相互之间的互动,主要包括运动员相互之间的互动、运动员同观众之间的互动、观众相互之间的互动、运动员协会与球迷协会相互之间的互动等。在以上各种互动的情况下,时常会发生一定的冲突,这是不可避免的。除此之外,我国政策制定的金牌战略、举国体制、职业化等也是受这种互动影响的结果。在某些体育活动中,活动内容之间具有一定的相似性,这种相似性使得活动项目之间的迁移有了某种可能,如乒乓球与网球、篮球与橄榄球、橄榄球与足球之间就表现出深刻的互动性特征。

(五)渐进性特征

对于某一个事物来说,其文化特征不是一成不变的,而是随着时代的变化和历史的变迁而不断发展的。对于竞技体育来说,竞技体育文化在发展的过程中,其文化内涵也会发生某种程度的变化,这种变化就是竞技体育文化渐进性特征的表现。竞技体育文化的渐进性主要表现在纵横两个方面,纵是活动主体实施体育后在身心发展方面的渐进性,横是活动主体在实施体育后所形成的不同层次主体,这两个方面互相作用促进竞技体育文化不断向前发展。

竞技体育活动方式的渐进性是活动主体在长期体育运动实践过程中,对体育如何进行总结和归纳,最为根本的目的就是更好地参与体育活动,在参与体育活动的过程中,运动器材的革新对主体活动方式具有非常大的影响。如合金材料的使用使得某些体育运动器材更加轻便,因而更加容易创造优异的成绩;激光电子产品的应用使得运动员的成绩更加准确;计算机技术的运用让体育竞技比赛变得更加公平和公正。总之,竞技体育文化在发展中表现出鲜明的渐进性特征。

(六)功利性特征

体育文化具有一定的功利性,竞技体育文化作为体育文化的重要内容之一,也是如此。体育文化的功利性表现为它是促进体育活动主题向自我、自然进行挑战的源泉之一,它是人类陶冶身心之后的愉悦,征服自然之后的快意。社会角色不同,其功利性也是不一样的,处于社会任何地位的人都是如此。从事竞技体育的运动员的功利性表现在:首先是自身价值的社会认可,其次是生存手段,即谋生的工具。

功利性是和活动主体的价值观紧密联系在一起的。如在竞技体育中,运动员所获得的社会认可与自身价值相联系,或名高于利,或利高于名,又或名利双收,这都是功利性的体现。除此之外,不同的竞技体育活动,在内容上也表现出不同的功利性特征。如足球是第一运动,田径是运动之母,它们之中都蕴含着极大的价值,普通人从中能感受到运动的魅力,享受运动之美,而政府官员则从其职业化和商业化发展中谋取利益,获得经济价值。

另外,相同的运动项目,由于环境等各方面因素不同,其活动方式也不同,于是就表现出不同的功利性。具体来说,活动主体根据个人的价值观和自身实际需要来选择不同的方式,如南美足球是艺术化的细腻,欧洲足球则是大刀阔斧的直白,这就是不同活动方式的具体体现。

四、竞技体育文化的价值

在竞技体育方面,西方竞技体育一直占据着主流地位,对我国传统体育文化的发展造成了一定的冲击。

西方竞技体育在中国的发展过程中,给中国的体育运动带来了巨大的影响,这种影响不仅表现在运动方式方面,更突出表现在文化价值观念方面。总体来看,竞技体育文化对我国文化的影响主要体现在以下几个方面:

(一)规则意识

竞技体育比赛要想顺利地进行,就必须要遵从一定的规则,为了体现公平竞争的精神,各种体育运动项目都有自己的竞赛规则,参赛者必须要遵守规则,否则要受到规则的惩罚。在竞技体育中,所倡导的公正、公平、公开的原则,同我国市场经济的发展有着异曲同工之妙。

20 世纪 50 年代,受政治因素的影响,由于中国台湾在国际奥委会中的席位问题,中国同国际奥委会断绝了一切联系。但是竞技体育运动规则的存在,促使中国必须接受国际奥林匹克的非政治性原则。于是,经过双方间的协商,中国最终同意台湾地区在改名、改徽、改旗的情况下,保留其在奥林匹克中的席位,这是"一国两制"在竞技体育中的体现。

在按规则办事的原则影响下,我国于 1979 年重新获得了国际奥委会的合法席位,经过多年的快速发展,我国的竞技体育取得了令世人瞩目的成就,正向着体育强国的方向大踏步迈进,这是按规则办事的良好体现。

(二)公平意识

任何竞技体育竞赛都有一定的规则,规则要求所有的竞赛参与者,包括教练员、运动员和竞赛管理人员等都要本着公正、公平的原则进行一切活动。可以说,如果没有公平原则,竞技体育便无法顺利地进行。竞技体育运动员在比赛中起点相同,其比赛成绩都由共同的尺度来衡量,如果采用不同的尺度,那么比赛也就很难继续进行下去;在结束比赛之后,要运用共同尺度来决出胜负。

在竞技体育中,所有运动员都享有自由、平等的权利,要在正当的竞争条件下努力获得比赛的胜利。所有的竞技体育运动员在比赛中要贯彻公平竞争的精神,按照既定的比赛规则参加比赛,不允许不正当竞争的发生。因此,竞技体育中公平竞争意识的倡导为人类文化的发展做出了巨大的贡献。

(三)竞争观念

不同于其他体育运动,竞技体育具有强烈的竞争性特点。竞技体育所表现出来的这种竞争性对中国文化产生了较为深远的影响,它对于弘扬社会竞争意识具有很大的意义。

中华民族有着悠久的历史,受传统文化和封建统治的影响,中国人民在漫长的封建统治中压抑了人性,泯灭了锐意进取的精神,在这样的形势下,中国国民素质低下、体质羸弱,甚至被称为

"东亚病夫"。其中,最为欠缺的就是勇于向前的竞争意识。

中国有着优秀的传统文化,然而受近世纪闭关锁国的影响,我们在对人类文明的贡献方面已经没有什么值得骄傲的了。在社会各个层面,我们都十分欠缺先进的观念和竞争的意识。在西方竞技体育进入中国后,中国社会各个层面都发生了一定的变化,对中国体育文化形成了一定的冲击和影响。在西方竞技体育文化传播的过程中,一些健康的、积极向上的竞争意识开始渗透到社会各个层面,对传统文化形成了一定的冲击,这对于促进中国多元价值观的建立与发展起到了重要的作用。西方竞技体育所倡导的竞争观念,从某种程度来说,这同市场经济发展的要求是相符合的,随着时间的推移,竞技体育所带来的竞争意识的价值也在不断显现。

(四)国际化观念

由于受各国历史传统、文化形态、观念意识等因素的影响,竞技体育所表现出来的特征也是不同的,但竞技体育不存在国界之分,它是人类共同的一种文化形式。就某种意义来说,竞技体育已发展成为世界全球化的人类语言,增进了世界各国人民相互之间的交流和沟通,更为了促进和维护世界和平,如1971年中国的"乒乓外交",就是竞技体育促进国与国之间文化交流的典型事例。

改革开放后,中国的竞技体育获得了快速发展,受到各个国家的瞩目。在国际比赛中夺取金牌,使得中国体育的地位越来越重要。在国际赛场取得的每一个成绩都增强了国人的信心,激发起了国人的自豪感,这也为中华民族的伟大复兴奠定了基础。

竞技体育所倡导的公平、公开、公正的竞争意识,实际上是树立了一种和平竞争的国际化观念。这对我国的发展也产生了较为深远的影响,这能促使我国对政治多极化、竞技全球化、文化多元化的国际社会环境快速适应,从而更好地在世界上立足。

（五）道德建设

在我国竞技体育教育中，集体主义、爱国主义教育会时常在各个体育运动队中得以开展，以此来更好地帮助运动员树立正确的人生观和世界观，养成良好的运动风气。在竞技比赛中，中国运动员所表现出来的"胸怀祖国、放眼世界，为国争光的精神；不屈不挠，勤学苦练，不断钻研，不断创新的精神；同心同德，团结战斗的集体主义精神；胜不骄，败不馁的革命乐观主义精神和英雄主义精神"对于我国社会各行各业都有良好的示范作用，而同时这也是中华民族实现伟大复兴的宝贵财富和重要前提。

（六）娱乐思想

中国传统文化在很多方面都表现出较大的功利性，并一向轻视游戏，认为很多游戏都属于"玩物丧志""游手好闲"的活动。而西方的竞技体育则完全不同，西方竞技体育中很多运动都是从体育游戏中发展而来的，而这些体育游戏都带有较强的娱乐性。发展到现在，竞技体育获得了飞速的发展，但其娱乐性特征仍然存在，并有不同程度的展现。竞技体育运动参与者通过表现自我，战胜对手而获得了愉快的心理体验，观众也从中获得了美的享受。这就是竞技体育娱乐思想的深刻体现，发展到现在，观赏体育赛事已成为大部分人的一种生活方式。

第二节　武术的竞技价值

习武者为了能够将自身所感悟到的积极思想及技巧完美且直观地展现出来，就只有使用最恰当的技击动作，以此获得相应的技击效果。纵观传统武术在历史中的发展，直到今天它的技击方式仍旧包括徒手技击和器械技击两种形式。而这两种技击形式相比，徒手技击又是最为常见和习练人数较多的形式。因此，本节主要以传统武术的徒手技击动作为例对其动作及价值做一个简单的分析,以期为传统武术运动爱好者提供必要的理论指导。

徒手技击,顾名思义,是指不借助任何器械,仅依靠单纯的身体(主要为四肢)作为博斗武器而开展的技击形式。

由于徒手技击不能使用任何器械,因此在技击过程中形成了特有的近打、远踢的技击特点,另外,在武术对抗中如果两人过于近身,即所谓的"贴身",那么在徒手技击中还可以使用摔法或拿法。用传统武术的惯用分类概括人体的七大"武器"分别为头、手、肘、肩、足、膝、胯。

技击方法的种类很多,但归根结底为三类,分别是击打类、摔跌类和拿控类,具体如下:

(1)击打类。击打类技击方法是一种用机体产生的冲击力去获得技击效果的攻防技法的总称。击打时运用的主要部位为上肢和下肢,另外,利用身体躯干等部位的"靠""撞"等技术也可以称之为"击打"动作。而且"靠"与"撞"在实战中应用时,不仅可以作为击打手段,还可以用来使对手失去平衡,从而为接下来的技击技术的成功使用带来机会。

(2)摔跌类。摔跌类技击方法是通过抱缠等方式使对方倒地的技巧。其中,要对"跌"做一个特别解释。跌是利用合理倒地姿势化解触地的冲击力,以达到保护自己的效果。

(3)拿控类。拿控就是通过抓筋拿脉、反挫关节、点穴擒捕等技法的运用,达到控制对手的目的的技击形式。

通过上述对技击技术的分类分析来看,可以知道实际上每一种技击技术都拥有其自身的价值,在不同场合和实际中,只有选择正确的技击技术才能收到良好的攻防效果。因此,各种技击技术无所谓好与不好,只有适合与不适合自己。实战中,习武者可根据对抗时的不同势态,采用不同技击方式,以针对对抗中各种不同的情况引导势态的发展。另外,不同技击技术的选择还取决于习武者自身的特点,由此选择最适合自己的技击方式。

认识到这个技击的价值规律后,在对武术运动的学练方面就可以有目的地去寻找自己在不同势态下最适宜采用的技击方式,以取得事半功倍的技击效果。具体来说,就是根据实际情况构建属于自己的技法使用平台,把理论与实践结合起来。

第三节　竞技武术套路文化的审视与发展

一、竞技武术套路的产生与发展是现代社会文化的选择

(一)竞技武术套路产生的背景条件

随着社会变革的深入和现代体育的逐渐兴起,中国人开始认可西方体育。由于西方体育比其他任何方式都更加明显地直接显示出胜负、得失、荣辱等状态,因此西方体育极易变成一种通过胜负来表达自己民族心理的方法。同时,中国传统文化自身存在的宽容性、容纳性与极强的同化性,决定了西方体育在中国的传播与发展。

火器的发展和广泛使用令中国武术慢慢退出了军事舞台。鸦片战争以后,西方文明的侵蚀又使得传统武术文化深刻地体验到了异域体育文化冲击的锐力。随着中国武术技击价值的逐渐消退,西方兵操、学校体育、竞技体育等概念的引入,中国武术开辟了一条新的生存道路,渐渐演变成为一种体育运动项目。新中国成立后,近代西方先进科技和文化的挑战与冲突,迫使中国武术展开了更为深层次的转型。机制的更新,传统观念的转变,选择了折衷主义,出现了新的生机。人们开始把视角转向现代体育,武术套路也接受了"平等""竞争"的体育观,产生了一个独立的、有别于传统武术套路的系统——竞技武术套路。

（二）竞技武术套路的发展

产生于 20 世纪初的竞技武术，真可谓举步维艰，怀疑、批评、否定甚至谴责之声不绝于耳。脱胎于传统武术的竞技武术，确已背离了传统对它们的角色期待，甚至在某些方面出现了对立的选择。这在我们这个"重传统、遵古训"的传统国度内，可想而知，"不中不西、花拳绣腿、背离武术本质……"是最常见的评价。

但符合时代需要，有生命力的新事物总是能顽强生存并不断壮大的。发展至 20 世纪中后期，随着我国现代文明的全面普及，整体国力水平的大幅度提高，奥运席位的恢复，向世界展示中华民族传统优秀文化的时代召唤，构成了全民族的心理需求。中华武术需要发扬光大，需要走向世界、走进奥运。因此，改革后的竞技武术套路首先与国际接轨、向奥运进军，在完全传统的基础上"异化"，以此来符合文化的时代性选择。不论从文化融合的角度，还是从武术推广的角度都需要竞技武术套路的不断壮大，这是历史发展的需求，时代的呼唤。

中华人民共和国成立后，竞技武术套路也经历了曲折艰难的历史发展阶段（见表 6-1）。

6-1　竞技武术套路的发展概况①

阶段	起止时间	基本概况
第一阶段	1953—1958 年	对武术开展挖掘、整理、继承和推广工作
第二阶段	1959—1965 年	进入正规，武术技术获得发展
第三阶段	1966—1977 年	受到冲击，遭受浩劫，求得生存
第四阶段	1978—1981 年	解放思想，实事求是，重振武术
第五阶段	1982—2000 年	全面挖掘，快速发展，走向世界
第六阶段	2000 年至今	武术套路竞技体系基本成型

---

① 周光辉．武术入奥的现实困境与发展对策研究［D］．重庆：重庆大学，2015.

二、竞技武术套路文化的特点

（一）竞技武术套路文化的继承性

1. 竞技武术套路体现中国传统武术文化中的哲学观

（1）能够体现中国传统武术文化中的重"道"。
（2）能够体现中国传统武术文化中的重"天人合一"。
（3）能够体现中国传统武术文化中的重"阴阳辩证思想"。

2. 竞技武术套路反映竞技体育文化的价值观

（1）能够反映竞技体育文化中的重"法"。
（2）能够反映竞技体育文化中的重"竞争意识"。
（3）能够反映竞技体育文化中的重"科学精神"。

（二）竞技武术套路文化的竞技性

竞技体育运动的价值取向决定了竞技武术套路的最大特征是竞技性。竞技武术套路作为竞技体育的一个组成部分，以"更快、更高、更强"的竞技体育宗旨作为自身根本宗旨，以"公平、公正、公开"的竞技体育要求来要求自己，充分挖掘和发挥人在体力、心理、智能等方面的潜力，来提高技术演练水平和创造优异运动成绩。近些年来，竞技武术套路进行了一系列的改革和创新，提出了竞技武术技术要走"高、难、新、美、真"的发展道路，即比动作的规格高、质量高、水平高，比难度动作、动作难度，比技术创新；运动员只有最大限度地发挥身体的潜力，尽可能表现出最为高超的技术水平，才能战胜自己、赢得比赛。

（三）竞技武术套路文化的竞艺性

竞技武术套路作为竞技体育的一部分，技击艺术化是一种趋势。艺术美是武术套路运动的一个重要运动表现，武术套路运动是通过两种形式表现艺术美的：其一，表现"外"的形式美；其二，表现"内"的意蕴美。竞技武术套路侧重于手眼身法步的练习,通过手眼身法步动作的起伏转折体现出舒展大方、潇洒自如、热烈奔放的外在美,塑造出刚毅、雄健、勇猛、机智、灵巧的形象,形成强大的艺术感染力。此外,竞技武术套路在演练过程中,运动员通过对攻防技击、表演艺术的全面理解和感悟反映于形体动作本身,深刻体现出"意蕴美"。竞技武术套路以极其浓厚的审美趣味满足着人们的内心需求,它是将活的人体技击美通过"形"和"意"的手法奉献给观众,吸引人们欣赏其"形",领悟其"意",带给人们的审美感受是任何艺术形式无法比拟和替代的。

竞技武术套路既是难、美的运动,又是艺术性高且不断创新的运动。如今,竞技武术套路向"艺术化"方向发展的趋势越来越明显,竞艺性也是一种竞争的表现形式,体能、技术和艺术的完美结合是竞技武术套路竞争的焦点,只有将高度的艺术性与完善的技术和创新性相结合的运动员才能在比赛中取胜。

第四节　武术纳入奥运会的现实困境与对策

一、武术纳入奥运会的现实困境

(一)东西方文化差异

奥林匹克运动高举着"西方体育文明主义"的大旗得到了长足的发展。武术迟迟不被奥运会接纳的根源在于文化认同上的陌生,或者说在很大程度上是相互疏远、高度化的排斥关系,正如梁漱溟先生在《中国文化要义》一书中提出那样:"中西方文化就像两条平行线,其价值取向不同,从一开始就注定了不可能也不会走到一起。"体育文化作为东西方文化的一部分,自然也摆脱不了这样的命运。东方的柔道、跆拳道是相继被奥运会接纳的体育项目,但是其发展与西方资本主义国家的意识形态却一直迟迟不能够达成统一。美国人类学家朗兹·博厄斯指出"每个民族或部落都有自己独特的思维方式、价值观和世俗道德观,人们不能也不应该用自己的所谓标准来要求别的其他民族,更不能强行要求别的民族必须遵守你制定的所谓评判标准。"而全面观察现代的奥林匹克运动就会发现,其自始至终都打着西方文化的烙印,脱离不了西方文化的束缚。他们创办奥运会并按照自己的思维方式决定奥运会的发展方向和参赛项目也在意料之中。[①]

奥运会从开办至今已经有了百余年的悠久历史。据统计,从第一届奥运会开始到现在,东方国家仅仅举办过为数几期,而剩下的全部都是在西方国家举行的,显然西方国家举办的期数要远远大于东方国家举办的期数。另外,奥委会的决策层也大多是西方人士,他们在决定奥运会的比赛项目和发展方向的时候势必会带着西方人的思维方式和特色。而这种思维方式与东方的思维方式是存在很大差异的。由此可见,奥运会从出生到现在都是带着明显的西方主义的标记。赫斯科维奇曾认为"我们讲求文化相对主义,是站在尊重历史,尊重差异的立场上的。"东西方国家在奥运会项目数量上的严重失衡,在一定的程度上也反映了这个游戏的主导者。中华武术作为一个"外乡人"必须要接受"入乡随俗""客随主便"的道理。

(二)中国武术文化身份的迷失

100多年来中国武术的发展历程其实是西方体育文化改造武术的过程,中国武术的文化身份特征不再鲜明,原有的传统武术文化与当代武术之间出现了断裂层,正如"在书法艺术界、美术界和音乐界,中国学者都可能存在或多或少的迷茫,这个迷茫的产生就是因为一个时代传统的切断",中国武术失去了赖以生存的原生态传统武术土壤的滋养,正在西方体育的改造和挤兑下慢慢逝去"武林"的味道,一时间武术何去何从的迷茫在叩问每一个中

---

① 顾莉. 竞技武术套路文化审视[D]. 苏州:苏州大学,2007.

国人。孙子兵法言"知己知彼，百战不殆"，中国武术发展中最大的问题是身份的认领迷失，没有真正了解"武术是什么""武术从哪里来，又将到哪里去"。"我是谁"的疑问成为武术前进道路上函待解决的问题根源。20世纪30年代本土体育与西方体育就优越性针锋相对地争辩过，以张之江和徐一冰为代表的本土体育派大力支持武术发展，摒弃外来体育的入侵。通过这次大争辩，人们开始了解和关注西方体育，主要是通过当时的留学生宣传途径，封闭的国人思想逐渐地打开，认识到了体育文化的多元性，不再用有色的眼睛看待洋体育，开始使用西方体育理论来评价中国文化，引进客观事实的量化标准检测武术的训练方法，"使传统武术的训练方法和技术体系被贴上了非科学的标签"，武术习练中的"心意相合、丹田吐纳"等无法量化的身体感知和体悟在科学技术检验下毫无说服力。中国武术不断示好奥林匹克运动裁定的规格、献媚西方体育，一点点剥离传统文化深埋的土壤层，中国武术在西方竞技体育面前黯然失色。竞技武术套路一直以来把完成动作的难度系数、动作的美观程度、动作的创新点视为发展的方向，武术的技击本质越来越淡化，如果纯粹是追求动作的观赏性，"武、舞不分"，试问与竞技体操何异？竞技武术体育文化的身份仍旧没有获得广大人民的认可。厘清武术"到底是谁"的本质难题，有助于缓解中国武术发展道路上自我武术文化身份迷茫的焦虑。

（三）武术在学校教育的名存实亡

武术第一次走进学校要追溯到1916年，并伴随着时代发展的实际需要不断撰写武术课程大纲、武术课时计划、刊印指定参考教材。武术课程进入校园的实施情况一直到今天仍旧没有实质性的进展，更严重的是一些学校的武术课形同虚设。对于大部分的中小学校，因为武术没有比赛任务，且与升学无关，校方出于政绩的考虑等诸多因素，往往无情地剥夺了武术教学的时间，使武术课形同虚设，对于那些遵守教学大纲的要求，开设了武术课的学校,我们仅仅看到的是一些样板化、简单化的,可以统一口令的体操式的武术套路动作,看不到真正属于武术的东西。在这一系列外界因素的主导下,武术教学已经在学校体育这个环节渐渐失去了其内涵,并且,对于可以在各个层次吸引学生的武术表演和比赛的缺失,更是直接打击了学生的习武热情,使得学生喜欢武术却不喜欢武术课,对武术失去了兴趣,进而采取消极对待武术课的态度。事实上中小学体育课相比语、数、英等课程处在边缘化的状况,学校课表上体育只是摆设而已,体育锻炼时间被挪用早已司空见惯。武术走进校园课堂的操作难度我们可以想象到,而且所开展的武术已经被改造得支离破碎,失去了武术最原始的味道。

随着市场经济不断深入发展,在全球化、市场化的大趋势下,传统武术受到了巨大的冲击,不得不做出相应的适应性改变,如"武林风"节目,少林集团的世界各地巡演,近期少林寺在澳大利亚的投资,斥资近亿元修建分寺和商业酒店,等等,但这些适应性举动过分的商业化,越来越抛离传统武术传承的本质与核心价值。全国普通高等院校公共体育课的开展状况依旧不容乐观,上课内容简单机械、毫无创新,主要体现在简化的 24 式太极拳、初级拳、器械,教法枯燥、打练脱节、人文教育淡薄是学校武术教育的普遍弱点。当前绝大多数的中小学体育课看不到武术的身影,非但如此,部分学校的体育课堂反被如跆拳道等外来武技和体育内容所充斥,在设有武术系院"武术专选专业的体育院校和综合类高校里,竞技武术一统天下,传统武术难觅踪影,且各校专业趋同",自身特色不明显。

二、武术纳入奥运会的对策

(一)武术走进校园,从孩子抓起

学校是人成长过程中接受教育的一个重要场所,一个人的教育习惯绝大部分是在学校养成的。因此,加强对专业武术学校和专业体育院校武术专业等的教育,能够良好地促进传统武术的发扬和传承。武术不受场地、器材条件的限制,便于学校体育课程的开展,一方面能够传承优秀的民族文化遗产,另一方面激发学生的体育兴趣,培养终身体育锻炼的习惯。武术走进校园在增强学生体质、增进健康,积极贯彻教育大纲"终身体育"和"健康第一"思想方面发挥着重要作用。

武术走进学校体育课堂能够有利于传统武术的传播和传承。实际上,任何一项运动项目,从起源开始不断发展,被社会和市场认可,都和学校的教育息息相关。传统武术如果能在中国的中小学体育教学中得到较好的普及和推广,无疑会使传统武术的传承和发展上升到更高的层次。笔者认为要想更好地推广和宣传中华传统武术,就需要提高民众对传统武术的重视程度,传统武术从儿童教育抓起,深入贯彻落实武术走进小学体育课堂。据悉,现在某些城市的一些学校已经开始认识到这个问题的重要性,提出"独立于体育之外的武术"的口号,并编制了相应的武术操,这一举措在一定程度上能够使学生更深入地了解中华武术,并为学生接受中华传统文化内涵的熏陶提供了有利的条件。学生在学习各种科学知识的同时练习传统武术不仅增加了孩子对中华传统武术的认识,增强了孩子对于祖国传统文化的热爱和对于中华民族的民族自信心、自豪感,也可以锻炼孩子的身体,同时推广、宣传了武术精神,对树立青少年学生"终身体育意识"起到了重要的作用。

（二）充分考虑民众的实际诉求,服务全民健身

要想使中华民族的伟大复兴成为现实,促进中华民族文化大发展大繁荣,必须充分考虑人民群众当前日益增长的物质文化需求,"尊重人民群众的主体地位和首创精神,满足人们群众的体育文化需求,最大限度地激发广大人民群众的体育参与积极性,最大限度地发挥传统武术对人民群众体质健康的增进作用"。

武术本就是我国劳动人民在社会生产和生活中智慧的结晶,

已经根深蒂固地融入人们的生活方式之中,武术的改革和发展都要以服务人们群众为出发点,因为每一个国家和民族都有自己特色的体育文化运动,而这些体育运动都是源自本民族的生活和地方特点。在早期,中华传统武术有着巨大的群众基础,深受人民群众的认可,参与武术学习和武术锻炼的人很多,但工业革命后,西方文明不断地进入中国,中国传统文化受到了巨大的冲击,中国传统武术也不能免受波及,西方户外体育运动,逐渐代替传统武术运动,成为人民群众参与体育锻炼的主要形式,中国传统武术运动也越来越被边缘化。但我觉得中国传统武术的复兴并不是盲目的西化,而是本质的回归。

人与动物最本质的区别在于人能创造文化,即物质文明和精神文明,物质文明保证人更好地生活和繁衍后代,精神文明指导人不断地创造物质财富和实现人生价值。不同的地域环境、政治、经济以及历史沉淀都会孕育不同的文化,把武术文化置身于西方民族的社会生活中,前期的抵触和挤兑是必须经历的阶段,世界任何物质的发生发展都具有普遍性,西方体育迅速风靡全球的主要原因是项目本身的趣味性和科学性,一开始就找准了市场定位,人民大众是武术开展的基础,把人民群众对健康的诉求是否得到满足、人民群众喜不喜欢作为武术开展的根本出发点。

(三)借鉴武术繁盛时期的传播模式——打擂台

传统武术项目进入奥运的道路是相当艰辛的,原因是传统武术的价值观中的"点到为止""和为贵"的价值取向和奥林匹克追求的更高、更远、更强是有很大差异的。

在全球市场经济高速发展的现实背景下,整个世界迎来了大数据时代,面对日趋激烈的市场竞争,中国民族传统武术运动在和西方户外运动的竞争和冲突中,逐渐出现各种与市场经济不相适应的水土不服现象,在当前竞技运动项目中的劣势越来越明显,并且在市场中处于边缘化的地段,已经不是昔日辉煌的主流文化和体育运动项目。在发扬和传承民族文化的相关国家政策的支持下,发扬传承传统武术,回归本质,强调"原生态"成为了传统武术再度辉煌的福音。在当前的社会发展形式下,传统武术要再次复兴,应该继续回归本质——身心合一。弘扬传统武术对人内心价值取向的良好影响以及其强身健体功能。

　　传统武术的一个重要属性就是技击,也是其外在表现的具体形式。这也是中国传统武术作为竞技项目的有利条件,但如何评价仍是一个极大的问题,按照西方文化的价值取向去评价,则不能彰显中国传统武术的精神追求,如果按照东方文化的价值取向去评价,则中国传统武术很难被世界认识认同,很难进入奥运会现行的体育体制下,传统武术处在进退维谷的地步,走出这种困境的方法应当是重拾传统武术的搏击性本质,大兴武术防身自卫的功能,才能焕发出传统武术久违的光彩,一厢情愿地寄托武术进入奥运会和申请非物质文化遗产的做法如同隔靴搔痒,治标不治根。武术由于低俗影视作品无知渲染以及没有参加对抗赛事,多年来被戏称为"舞术",如果就是为了好看,为了追求动作的飘逸和难度,武术不能和舞蹈比;如果为了突出力量和技巧,武术也不能和自由体操、杂技比。武术的"武"字充分体现了打的特征。在提倡法制的和谐盛世,武术不能在战争也不能在防身自卫中派上用场,如果还一味强调"强身健体,防身自卫"未免缺乏感召力。

第七章　武术与中医保健发展研究

武术不仅与哲学思想、健身和竞技有着密切的关系,同时,作为中华民族传统文化的典型代表,武术与中医这一中国特有的医学形式的关系也是非常紧密的。通过对武术文化与中医保健的发展探讨,能够对武术文化有更加深入、全面的了解和认识,这对于武术文化的进一步研究也能提供相应的依据和支持。本章主要对武术的技法、医学价值,以及武术文化中的医学理念、常见的武术套路保健养生项目进行分析和研究,由此能够更好地理解武术与中医保健之间的关系。

第一节　武术的基本技法

武术技法,也就是所谓的武术技击法,具体来说,就是指两人或两人以上使用各种手法、腿法、摔法、拿法,或利用武术器械进行劈、刺、格、架等武术技击方法,打败对方的攻防技术。

由于武术技法是我国历代劳动人民在长期的实践斗争中,不断积累和总结出来的宝贵文化遗产,因此,其不仅是武术的精华和核心,同时还是武术运动的重要表现形式之一。具体来说,武术的技法主要有以下几个方面:

一、四击

拳术中的击法主要有四种,踢、打、摔、拿,也就是所谓的"四击"。

"踢":指腿法,包括的动作方法主要有蹬、踹、弹、点、缠、摆、扫、挂等。

"打":指拳法,包括的动作方法主要有冲、撞、挤、靠、崩、劈、挑、砸、撑、搂、拦、采、抄等。

"摔":指摔法(旧称跌法),包括的动作方法主要有巩、揣、滑、倒、爬、拿、招、勾等。

"拿":指擒拿法,包括的动作方法主要有刁、拿、锁、扣、封、闭、错、截等。

二、六合

通常,将武术应用分为两个方面,一个是内三合,即心与意合、意与气合、气与力合;一个是外三合,即手与足合、肘与膝合、肩与胯合。除此之外,又眼、心、意、气、功、力六个方面会对其进行积极配合。其中,以手、眼、身相合为外三合,精、气、神相合为内三合。

三、八法

手、眼、身法、步、精神、气、力、功这些武术运动的八种主要技术方法,就是所谓的八法。外四法主要是指手、眼、身法、步这些外显的;内四法则是指精神、气、力、功这些内在的。外四法表现武术的"形",内四法表现武术的"神",内外合一,就能够将武术"形神兼备、以形显神、以神领形"的特点充分体现出来。

八法的拳诀是:拳如流星眼似电,腰如行蛇步赛钻;精(神)要充沛气宜沉,力要顺达功宜纯。由此可以看出,拳诀用精练通俗的文字将武术八种技术的规格和方法阐释了出来。

四、十二型

武术中的动、静、起、落、站、立(单腿)、转、折、快、缓、轻、重这十二种运动方式的定型,就是所谓的十二型。

在武术运动的发展过程中,一套富于形象化的格式逐渐被创造出来,具体如下:

(1)静如岳:静止的姿势,要像大山那样巍峨,任何强大的力量都推不动它。

(2)立如鸡:单腿独立的姿势,特别是从活动性动作转入静止性独立动作时,要像鸡在奔走中突然听到了什么,立刻停步收起一只脚来那样,显示出动作的安逸稳固。

(3)站如松:两脚站立的姿势,要像苍松那样刚健、挺拔,在静止中傲然富有生气,使静和动密切联系在一起,即所谓"静中有动"。

(4)动如涛:活动的姿势,要使运动气势像江海的浪涛那样激荡,滔滔不绝,在万马奔腾中仍有明朗感和稳定感,做到"动要有韵""动中有静"。

(5)起如猿:跳起的姿势,要像猿猴纵身时那样机灵、矫健、敏捷。

(6)落如鹊:落降的姿势,要像喜鹊落到树枝上时那样轻稳。

(7)转如轮:旋转的姿势,要像车轮绕着轴心那样转动,善于创造和掌握运动的轴心,这样才能达到"圆"的要求。

(8)折如弓:折叠的姿势,是指扭身拧腰等转折的动作,要像弓那样越折越有力,含有一股反弹劲,不是折得极柔软而没有劲力。只有在折叠之势中做出反弹劲,才能突出动作的变化。

(9)重如铁:沉重的姿势,要像钢铁砸下那样沉重有力,但"重而忌狠",不能咬牙切齿。

(10)轻如叶:轻飘的姿势,要像树叶那样轻,才能达到"飘"的要求。

(11)快如风:快速的姿势,要像一阵疾风那样迅速,但"快而忌毛""决易生爆",火爆可以藏拙,但会产生错误,所以要做到快而不毛。

(12)缓如鹰:缓慢的姿势,要像鹰在空中盘旋那样全神贯注,慢中有快,而无松懈之感。

第二节 武术的医学价值

一、治疗内伤

在中医学中,内伤泛指内损脏气的致病因素;同时,也为病名,又叫内损,多由跌打、坠堕、碰撞、用力举重、旋转闪挫等外伤较重,损及肢体内部组织和内脏而致。这里主要对后者的治疗加以探讨。

通常情况下,可以将内伤分为:伤气(伤处肿胀不明显,痛无定处)、伤血(伤处疼痛显著,皮色发红或青紫,甚至血溢妄行,出现发热、寒战、便血、尿血、咳血等症)、伤脏腑(胸肋或腹中疼痛剧烈,伴有昏厥、吐血、便血等症)。

伤科与其他医术一样,非常重视"望闻问切"的诊病方法。其中,尤以少林伤科的"五望""五辨"最具有代表性。

(一)通过"五望"诊断内伤

早在古医书《少林真传伤科秘方》中就记载了少林伤科富有特色的五望诊伤方法,书中还对望两眼、望指甲、望足爪、望脚底、望阳物的五望诊断内伤的方法进行了详细的表述:"验证吉凶,一看两眼:内有瘀血,白睛必有血筋。血筋多,瘀血亦多;血筋少,瘀血亦少。眼及睛活动易治,否则难疗。二看指甲:掀其中指甲,放如即还血色易治,少顷后还原者病重,如紫色者不治。三看阳物:不缩者可治,缩者难治。四看足爪:与手指同看。五看脚底:红活者易治,色黄者难治。"

五望中,临床意义重大的以望眼、望甲和爪为代表,并一直在临床上应用。比如,望眼诊伤法的理论依据为中医五脏与眼的关系,以眼科五轮八廓为指导;望指甲、足爪诊伤法的依据为中医脏腑学说中肝与爪的关系,以及损伤恶血必归于肝的从肝论治理论。

(二)通过"五辨"判定病情程度

少林伤科的主要观点为:辨伤之生死是伤科者第一要务。具体来说,即"凡看跌打者,先看相穴后看症,生死之法辨明仔细,庶不致有误也"。因此,这就要求必须通过望诊、脉诊,寻求特异的征兆来将生死(吉凶)诊断出来。少林伤科以中医辨气血、经络、脏腑、阴阳为基础,形成了以辨新伤旧伤和年龄、辨穴道、辨脉象、辨特异征象、辨脏腑绝症的诊断方法。

(三)内伤的治疗方式

1. 少林伤科治疗方法

少林武术因拳棍棒所致的内伤、筋伤、脱臼、骨折等损伤,以内伤居多。组方遣药时,在遵守辨证论治的原则下,还以具有少林伤科特色的按穴道、经络、部位、脏腑损伤诊察,并结合季节、时辰、症状等来进行施治。如《跌损妙方》"用药歌":"内伤脏腑没乳香,乌续桃兰通草姜。苏木木香归芎地,煎加童便酒调良。"少林寺秘传内外损伤主方和通用十三味总方(少林十三味主方)是少林伤科最典型的两个基本方,临床应用最广,对后世颇有影响,至今仍有临床意义。

2. 武当道教医学治疗方法

武当道教医学在治疗内伤时,对气滞、瘀血的病因学说是非常重视的,并且提出看"诸病皆有毒,治病必排毒"和"六腑以通为用"的治病原则,故临证治病之时,善于运用行气活血、破血逐瘀或攻下、清热等法。另外,武当道教医学还通过修炼内丹来对内伤加以调理。实际上,内丹就是以静功和气功修炼自身的精气神,从而达到健身强体、祛病疗疾的目的。

二、治疗外伤

外伤，一般指扑击、跌仆等外来因素所致的皮肤、肌肉、筋骨的损伤。外伤救护的四项基本技术主要为止血、包扎、固定、搬运。不同武术流派的外伤治疗经验是非常丰富且各具特色的。

(一)少林伤科的外伤治疗

少林伤科历史悠久，早在魏晋时期就已经产生了，它与武术发展息息相关。历代高僧武医相兼，其遣方用药多遵中医理论，又具有浓厚的"禅"味，少林伤科是中医骨伤科不可或缺的重要组成部分。

少林伤科以武场、战场受伤居多，由于历史及客观条件的限制，只能凭直观方法推理判定。因此，对望诊是非常重视的，通过望诊来辨别伤病的轻重，来对后面的治疗加以断定。

少林伤科认为跌打损伤的种类有内伤、外伤、骨折骨碎、脱臼、筋脉伤、弹箭镞创伤等，在长期的临床实践中，形成了以正骨、点穴、固定，以及根据伤情辨证论治、辨穴用药和功能锻炼等为独特风格的伤科医学体系。其中，点穴主要是阻滞气血正常运行，使全身的功能活动受到制约；若能开启门户，使气血恢复流行，则经脉疏通，病伤自愈。除此之外，对于骨折、伤筋、脱位等的治疗，少林伤科对动静结合的原则非常重视，其中，早期以静为主，中期动静结合，后期以动为主，可以借助易筋经、少林内功等方法来最大程度地恢复机体的功能和促进机体的康复。

(二)武当伤科

骨折是伤科常见疾患，习武之时，往往会发生损伤甚至骨折，如果治疗不当，极易留下后遗症，对继续练武造成障碍。因此，这就要求在发生骨折之后，不仅要立即进行整复、固定，还要配合必要的药物治疗，才能促进骨折的愈合，从而使患处的活动功能逐渐恢复。

1. 骨折的诊断方法

一般武当伤科主要通过查形态、查痛点、查骨势、查副伤几个方面来对骨折进行有效诊断。

2. 骨折的治疗原则

骨折的治疗,首先应当是早期、准确地复位(骨折端对口为要),然后是妥善恰当地固定(以固定起作用为要)。骨折的伤口护理,并不是很复杂的事,但是一定要遵循"初懒、中勤、后养"的原则。

初懒:就是指骨折后10天内,骨折已经理想复位对口,并且做良好的固定。调整绷带的力度,以维持良好的固定,确保复位的稳定性,争取骨痂早日形成,是骨折初期的主要任务。

中勤:是指骨折复位、对口、固定10余天后的一段时间里,每隔三四天就应对患者进行一次检查处理。进一步调整外固定器具的有效力度,并检查断端口的稳定程度,是这一时期的主要任务。

后养:是指骨折经初、中期治疗20余天后,到了临床愈合的阶段。指导患者进行合理、有利的功能锻炼,并继续配合药物治疗,同时给患者加强营养,使患者保持乐观精神,意闲少欲,是这一时期的主要任务。这里需要重点强调的是,在进行功能锻炼时,一定要遵循以有利为要的原则。

3. 方药治疗方法

药物分为内服药与外用药。其中,内服药的主要作用在于调节机体内在变化,促进气血旺盛,经络通畅,祛瘀生新,加强自身修复功能等;外用药的主要作用则是改善局部血液循环,散瘀消肿,缓解肌肉痉挛等。

（三）峨眉伤科

1. 病因方面

峨眉伤科对疾病的外因与内因之别是非常重视的,其中外因是由于跌仆、坠堕、撞击、闪挫、扭捩、压扎、负重、刀刃、劳损等外力作用所致;人体在受到上述因素导致受伤时,又往往会招致外界六淫等邪气侵袭,这就形成了内因。

2. 病机方面

峨眉伤科认为人体本身是一个整体,是由脏腑、经络、筋骨、气血、精与津液共同组成的,人体生命活动往往能够反映出脏腑功能情况,脏腑功能活动的物质基础又是气、血、精和津液。伤科疾病的发病机理与脏腑、经络和气血之间的关系是非常密切的。人体受到外因作用导致伤病时,局部皮肉、筋骨组织的损害,常会导致脏腑、经络、气血和精津的功能失调,产生一系列的临床症状。

峨眉伤科在治疗方法提出了内治、外治并重的主张,并且以具体情况为依据来灵活运用。其中,内治在辨证施治原则下,分别采用行气活血、攻下逐瘀、清热解毒、通窍安神、接骨续损、舒筋活络等中药方剂内服进行治疗;外治则将手法治疗充分利用起来,亦辅以膏药外敷或药物熏洗。峨眉伤科流派以推动气血、开合穴位为主要手法,在运用上注重"行"和"补",具体分为"松""温""分""顺"四步特色手法。在临床上的运用是以疾病的不同而进行有针对性的选择。比如,对关节脱位和筋肉板结的治疗多用松法;气血凝滞或寒邪内侵的治疗多用温法;肌肉粘连或经络不通的治疗多用分法;气血亏虚或肌腱挛急的治疗则多用顺法。

三、纠正偏差

当前,还没有一个统一的对练功偏差的定义。通常情况下,认为练功偏差,就是偏离了练功的正确规律而导致病变差错。简言之,则是"因偏致错",也就是古人所说的"走火入魔"。

（一）偏差的产生与症状

练功偏差是出现在内功修炼过程中的不良反应。

1. 偏差产生的原因

锻炼自我控制能力的健身养生术是气功的本质所在,气功学将如何实现人类心理控制和行为控制作为研究的主要队形,本来是不应该失去控制的。但是,由于在实践中,一些练功者违背客观规律,盲目地运用调身、调息、调心"三调",这就导致了偏差的发生。具体来说,导致偏差发生的原因主要有选择功法不当、练功不得法、不良心理暗示、练功动机不纯。

2. 偏差的症状

气功偏差的表现形式是多种多样的,通常,可以将其概括为两个方面,即精神和躯体,从临床辨证上可分为以下五类证型:气血逆乱、气滞血瘀、真气走失、神魂颠倒、邪气流窜。

（二）偏差的预防

针对偏差产生的原因以及病理,要预防偏差的产生,不仅要遵循"防重于治"的原则,同时,还要采取相应的一些措施,具体如下:

1. 因人而异,辨证选功

养生健身和防病治病是气功修炼的主要目的,辨证选功不但是增强气功效应的有效方法,同时也能有效避免气功偏差的发生。

对于不同身心素质及不同类型的病人,必须有针对性地选择不同的功法。这就是所谓"辨证选功"的含义,也是预防气功偏差的重要原则。

2. 循序渐进,练养结合

俗话说"冰冻三尺非一日之寒",功夫都是慢慢练出来的。必须花费一定的时间和精力,遵照循序渐进的原则,从基础功法练起,逐渐积累经验和体会,才能练好功夫。急功近利、急于求成的想法都是不可能实现的,并且还有可能导致偏差的出现。

练养结合,主要是针对初学者来说的,具体来说,首先是将练功和休息、调养互相调剂,其次是指将功夫中的"炼气"与"养气"的方法兼顾起来。通过气功的练习,能够增强体质,促进健康,但是专门练功、练气,却对休息和养气不注意的话,也一定会导致元气耗散,最终功亏一篑。

3. 固定功法,准确熟练

一般对于初学气功者来说,其往往会比较贪心,想多学几种,但是,学的功法多而杂,对自身并无好处,相反有可能诱发气功偏差。因此,这就要求初学者一旦选练某种适宜的功法,就应坚持不懈地练下去,不可朝三暮四,见异思迁。

一般练气功者,是要在辅导老师或者医生的指导下,以其自身的素质、生活习惯,以及病情、症状为主要依据,选择一至二种对症的功法进行锻炼。也可以练一种主要功法,同时兼练一至二种辅助功法,以此来对主选功法的作用起到积极的促进作用,同时也能使气功偏差得到有效避免。

常言道:熟能生巧。气功的"巧",所说的就是功力和效果。准确熟练地掌握所学功法,才能对练气功的效果有真正的体会,不断总结经验,甚至还能够以自己的特点为主要依据,来对功法中某些内容进行一定的改编或者修正,使之获得更理想的效果。这样能够使偏差得到有效避免的同时,在练功到一定程度后,还能够达到有效纠正他人或者自己气功偏差的目的。

4. 练意练气，松静自然

气功之"气"，主要指真气（元气）而言。练真气之初，一般由练宗气（肺气，胸中呼吸之气）入手。但是不管怎么练，大都要求呼吸均匀、细缓、悠长。通常情况下，练功有素的人，呼吸频率较常人减少，而呼吸深度则有所增加，并且主要为深度腹式呼吸。气功的呼吸方法（调息）必须由浅入深、由快至慢地逐步练习，在短时间内练成完整的深长呼吸是不可能的，不能强求，否则会导致气功偏差。初练气功呼吸可加以轻微的意念诱导，到一定程度后，形成自然而有规律的腹式呼吸，则不用再加意念，形成一种自然而然的条件反射。这就是所谓练气。

练意主要有两层含义：一是指排除杂念，达到入静；二是指意守（有意识地将注意指向某处）丹田等部位，以助真气的聚集和运行。需要强调的是，练意也要由浅入深，循序渐进。为了避免气功偏差的发生，急于求成或者强求"以意领气"都是不可取的。

练意与练气，需要有机地结合起来。《素问·上古天真论》云："恬淡虚无，真气从之。"其大意为：意念入静，松静自然，是练静的基础。练意到"恬淡虚无"的忘我境界，随之通过练气（调息）使意气合一，从而将人体潜在的真气调动起来，达到气功健身治病的效果。所谓意气合一，实际上就是在松静自然的基础上，以意念锻炼内气，达到意到气聚、意行气行的水平时，就说明体内真气已经蓄聚，并能通过意念有效地调动起来了。由此可以看出，意气合一是气功的高级阶段。

5. 练功时间，安排合理

唐代著名医药学家孙思邈在《备急千金要方·调气法》中说："凡调气法，夜半后日中前，气生得调；日中后夜半前，气死不得调。"这里所说的"气死不得调"，就是指因练功时间不得当而产生的气功偏差现象。由此可以看出，练功时间安排不合理，也能导致气功偏差。

中医学认为,一天昼夜可分阴阳,上午属阳,中午为至阳,下午为阴阳转化之时,夜晚属阴。因此,对于一般练功者而言,练功最好的时机是空气新鲜、环境安静、旭日初升、万物生发的清晨。因为这时候练功者精力充沛,头脑清醒,不饥不饱,练功容易获得气感,并且较少出现偏差。如果练功者是病人,那么就需要以阴阳辨证的原则为主要依据,合理安排练功时间。比如,阳虚阴盛的病人适合在上午练功;而阴虚阳亢的病人,则适合在午间或者晚上睡觉前练功。除此之外,一年四季也有阴阳之分,其中春属阳,夏属至阳,秋属阴,冬属至阴。有需调和阴阳的练功者,也可适当选择练功的季节。

对练功时间的合理安排并不是统一的,而是因人而异的,除此之外,也会因功法而异。比如,清晨宜练动功,以加强与大自然的物质交换过程,吐故纳新,排出体内浊气,吸进自然清新之气;而中午前后则适宜练静功,以调养心神,运练内气,加强气功内作用过程;晚上睡觉前,可练动静结合的功法,但尽可能避免过劳或者太兴奋的情况,这都会对睡眠产生不利影响。

(三)纠治偏差的方法

1. 真气走失的纠治方法

(1)按摩纠治。①停止练习原功。②揉擦丹田及肾俞穴位,以感到微热为度。③练习意守丹田、提肛、叩齿、咽津等功法,用吸、提、抓、闭收固阴精;若遗精频繁者,应消除恐惧心理,适当配合擦丹田、肾俞、涌泉等穴。④拍打躯干部及四肢部。

(2)辨证施治。重镇潜阳,固精封髓。

2. 神魂颠倒的纠治方法

(1)按摩纠治。①停止练习原功。②以肚脐为中心摩腹,自右向左转 36 圈,再自左向右转 36 圈。③做自我按摩、拍打功,是一种有益的辅助措施。

（2）辨证施治。重镇安神，养心定志。

3．邪气流窜的纠治方法

（1）按摩纠治

① 停止练习原功。

② 在局部推摩、叩击、旋拨，使局部充分放松。

③ 练呼气驱邪外出法：吸气无意，呼气时以意引导气至病灶，并意想驱邪外出，每次做 50 息。

（2）辨证施治

祛风除湿，活血通络。

第三节　武术文化中的医学理念

一、天人合一

（一）天人合一思想解析

中国传统的"天人合一"思想是一种具有高度概括性的哲学理论，其意蕴深厚，具体来说，是指人与自然、人与社会、人与自我本性等的和谐统一。

从中国哲学史上来说，"天人合一"观念在很早的时候就产生了。《易经》是现存最早和最明确表达"天人合一"思想的命题。而庄子则是最先阐述这一思想的，《庄子·齐物论》中提出："天地与我并生，万物与我为一。"后来，这一观点被汉代思想家、阴阳家董仲舒发展为天人合一的哲学思想体系。

"天人合一"也被称为"天人和谐"，这是中国古代哲学与天人关系相关的根本思想。具体来说，"天人合一"的理念包含的含义主要有四个方面：第一，天人一致，宇宙自然是大天地，人则是一个小天地；第二，自然界有着普遍规律，故一切人事均应顺乎自然,服从这些规律;第三,人性即是天道,道德原则和自然规律是一致的;第四,人生的理想追求与自然界的和谐。"天人合一"强调的就是天与人、人与人、人与社会的自然和谐关系,倡导把人看作宇宙自然的一部分,在实践中达到主观与客观、情感与理性、权利与义务、个体与社会的和谐统一。

(二)天人合一与中医

中医经典著作《内经》中提出了"天人合一"的主张,其主要从"天人相应"学说上得到体现,由此,包括与人息息相关的季节气候、昼夜晨昏和地区方域在内的中医的整体观念理论便形成了。《内经》反复强调人"与天地相应,与四时相副,人参天地"(《灵枢·刺节真邪》),"人与天地相参也,与日月相应也"(《灵枢·岁露》),"人与天地相应也"(《灵枢·邪客》),"与天地如一"(《素问·脉要精微论》)。由此可以看出,其主要观点在于:作为独立于人的精神意识之外的客观存在的"天"与作为具有精神意识主体的"人"有着统一的本原、属性、结构和规律。因此可以说,《内经》的天人合一观是其天道观的目的所在。

(三)天人合一与武术

为了更好地理解《内经》的"天人相应"学说,可以从两方面入手来进行深入探讨:一方面,是从大的生态环境,即天地(大宇宙)的本质与现象来对"天人合一"的内涵加以剖析;另一方面,是从生命(小宇宙)的本质与现象来对"天人合一"的内涵加以解析。从某种意义上来说,武术也是将人作为一个整体来修炼,认为人是小宇宙,天地自然是一个大宇宙,人与宇宙自然是同构的。在练功实践中以攻防动作为结构,以刚柔、动静、虚实、开合等为运动规律,以人身小天地来体察、探索自然大世界之究竟,在物我交融的拳械运动中,实现人体自我身心内外的和谐与统一、人与自然的和谐统一。

人类生活在自然界中,自然界存在着人类赖以生存的必要条件。同时,自然界的变化又可直接或间接地影响人体,而机体则相应地产生反应。属于生理范围的,即是生理的适应性;超越了这个范围,即是病理性反应。武术遵循了医学的这一规律,所以在学习武艺的同时也实践着健身强体的目的。

"天人合一"的思想体现在武术中,主要是对习武者要与客观外界保持高度的和谐一致,强调追求人与自然的统一。究其原因,主要是天人合一的思想主要为:人是自然的一部分,天地万物与人共同构成了一个整体,而人则是这个系统中不可缺少的主导因素,人道和天道是相近的。因此,这就使得习武者对人与自然的统一更加重视。在练习武术的过程中,人们往往将人体与大自然的和谐相通作为追求,从而使人顺乎自然,其运动也要服从大自然的变化规律,以此来求得物我、内外的平衡,达到阴阳平和。如果逆天时地利而动,对健康是会产生不利影响的。中国武术因地域不同而形成众多拳种和流派的主要原因就在于此。

为了追求人与自然的和谐,古代习武者常象天法地,师法自然,从大自然中吸收营养,并且对自然界中各种动物的动作、姿态、神情加以模拟,与人体运动的规律和技击方法的要求有机结合起来,从而使武术得到进一步的创新和丰富。同时,还以自然界的现象来喻拳理,所以武术中有许多以自然界各种动物来命名的拳种和动作。比如,南拳中的虎鹤观形拳,是以虎、鹤两种动物的动作为基础,结合人体运动特点和技击技术而创造的拳种。除此之外,还有以自然现象来阐发拳理的。

由于天人合一的思想使中国的传统文化具有重和谐、重整体的思维特点,这种思维特点在武术中主要从对动作的"合"的追求上得到体现。具体来说,所谓的"合",就是说动身(动作)心(意念)的和谐、协调。"内外三合"即"心与意合,意与气合,气与力合;肩与胯合,肘与膝合,手与足合"是最具有代表性的例子。"合"是武术特有的技术要求和独具特色的理论。这就将中医的人体是有机整体的思想充分体现了出来。

仁爱思想是武术和医学最重要的精神支柱。武德和医德思想都是从中国的传统文化中发源而来的。天人合一的思想还对中国哲学主张人的道德原则和自然原则一致起到重要的决定性影响。儒家创始人孔子出身武术世家，他能文能武，精通军事武艺，善射御之术。其将六艺（礼、乐、射、御、书、数）作为教学内容，因此，他的学生很多都是文武兼备的。"仁爱"观念是儒家思想对武术的主要影响所在，同时，这也是武德的重要核心。

天人合一思想，是中华民族几千年来的思想核心与精神实质。具体来说，主要表现在以下几个方面：第一，将人与自然的辩证统一关系指明了；第二，人类生生不息、则天、希天、求天、同天的完美主义和进取精神；第三，将中华民族的世界观、价值观的思维模式的全面性和自新性体现了出来。作为中国传统文化家族成员的武术和中医，其中的"天人合一"思想更是无处不在。

二、知行合一

（一）知行合一理念解析

在中国哲学中，"知"与"行"的关系一直都是非常重要的议题，不同流派对"知"和"行"的理解和观点是不同的。其中最具代表性的是，传统儒家认为"知""行"是分离的。从现代意义上来说，所谓的"知""行"，就是今天所说的"理论""实践"。

"知行合一"往往也被称为"行知合一"，这个话题自古以来就已经存在了，并延续至今。具体来说，所谓的知行合一，是指人的知识、认识与实践的结合。也可以将其简单理解为所知即所做，所做为所知。从现代意义上来说，就是知道的都做到了，能落实在行为里；行为就是对所知的具体化，是来验证、体现自己的所知。

（二）知行合一与武术

作为武术的理论基础，知行合一是中国人的认识实践论，从古至今，中国武术都受到中国哲学这种理论与实践思想或多或少的影响，因此，这就对习武者提出了必须做到理论与实践的有机结合的要求。在理论中对实践加以认识,在实践中使理论得到进一步完善,这种螺旋式上升的过程将武术向近代最高境界的发展起到积极的推动作用。因此,知行合一是武术的认识论基础,也是武术发展的重要机制。所谓知行合一就是指在日常生活中,对事物的认识首先是切身体悟,进而指导实践,认知与实践是统一的、一致的。这一理论,往往会通过武术中"学以致用""直觉体悟"得到体现,甚至进一步强调"夏练三伏,冬练三九"的刻苦精神,由此可以看出,这是对"行"程度和深度的要求。可以说,中国武术是在一定的社会需要下产生的,学以致用正是演练武术的宗旨。而武术的意境、神韵等用言语是很难表达清楚的,因此,这就要求学者用直觉去领悟体验,进而把握。

(三)知行合一与中医

纵观古今,几乎所有的医学理论大家都是临床的治病高手,所有的医(药)书的著成都是临证经验或实践经验的结晶。比如广为流传的神农尝百草、《神农本草经》,都对"行"的重要性进行了强调。由此可以得知,知行合一是中医的生命灵魂。"熟读王叔和,不如临证多"是中医界的一句熟语,其是对"知"和"行"的关系的阐述,同时,还对"行"的重要性进行强调。

三、阴阳理论

(一)阴阳理论解析

中国古代哲学中就有阴阳这一重要内容,具体来说,这是对自然界相互关联的某些事物和现象的概括,换句话说,就是含有对立统一的概念。

人们通过对矛盾现象的观察,逐步把矛盾概念上升为阴阳范畴,并用阴阳二气的消长来对事物的运动变化加以解释。阴和阳,既可以代表相互对立的事物,又能够用来对一个事物内部存在着的相互对立的两个方面加以分析。可以说,阴阳的对立和消长是事物本身所固有,进而认为阴阳的对立和消长是宇宙的基本规律。

从某种程度上来说,阴阳学说是中医学理论体系的一个重要组成部分,在很大程度上影响着中医学理论体系的形成和发展;同时,其也是武术文化的理论基础,在武术形成和发展方面所表现出的意义非常重大。

阴阳学说的主要观点是:事物相互运动和相互作用,是一切事物运动变化的根源。古人把这种不断运动变化,叫作"生化不息"。阴和阳之间的关系并不是孤立和静止不变的,而是相对、依存、消长、转化的。

(二)阴阳对立制约理论在武术和中医中的运用

中医主要对如何防病和治病进行研究,武术对强身和技击较为重视。由此可以看出,二者都有一个关注点,那就是"人"。于是,武术和中医就有了共同的话题。具体来说,阴阳学说在武术和中医中都有着较为广泛的运用:一方面,其贯穿于中医学理论体系的各个方面,主要用来对人体的组织结构、生理功能、疾病的发生发展规律进行说明,并对临床诊断和治疗进行相应指导;另一方面,阴阳学说贯穿于武术理论体系的各个方面,不同之处主要在于武术是用来对练武强身进行指导的。总的来说,武术和中医都将人作为研究对象,不同之处在于目的。

武术就是在静与动的阴阳对立制约的过程之中将其特性展现出来的。比如,阴阳对应制约观念在各个拳种、门派的武术理论中都有所运用,并且由此衍生出动静、刚柔、虚实、开合、内外、进退、起伏、显藏、攻守、奇正、始终等一系列对应概念。其所代表的诸多对应因素的不同组合,以及对立与转化的种种变化,是中国武术极为丰富、色彩各异的多种技击原理与方法的重要组成部分。阴阳变化在武术中主要从阴中有阳,阳中有阴,阴阳互转,阴阳相济等方面得到体现。

阴阳对立制约理论也在一定程度上影响着武术战略思想。"反者道之动"(《老子·四十章》)的方法论是武术战略思想的基本原则的重要组成部分。其大意为,对立的事物向其反面转化是运动的规律。换句话说,就是刚能克柔,柔也能克刚,强能胜弱,弱也能胜强。这也是中国武术要求技击必须与刚柔相济、阴阳和谐等原则相符的重要原因所在。

阴阳学说对武术的技击原理也会产生一定的影响。"以柔克刚""以静制动""避实击虚"等积极方法就是较好的代表。另外,在内家拳中,阴阳、八卦等内容也处处可见。实际上,内家拳的命名就是相对于外家拳而言的,是阴阳学说的又一实践,两者对身体理解与运用是最大的不同之处。

四、五行学说

(一)五行学说理念解析

五行,即木、火、土、金、水五种物质的运动。五行学说,就是用木、火、土、金、水五个哲学范畴来对客观世界中的不同事物属性进行概括,并用五行生克乘侮的动态模式来对事物间的相互联系和转化规律加以说明。五行学说理念的主要观点是,世界上的一切事物,都是由于木、火、土、金、水五种基本物质之间的运动变化而生成的。

1. 五行的特性

关于五行的特性,《尚书·洪范》说:"五行:一曰水,二曰火,三曰木,四曰金,五曰土。水曰润下,火曰炎上,木曰曲直,金曰从革,土爱稼穑。润下作咸,炎上作苦,曲直作酸,从革作辛,稼穑作甘。"[1]

"木曰曲直"。"曲直",书面意思为树木的生长形态,都是枝干曲直,向上向外周舒展;引申义为具有生长、生发、调达舒畅等作用或性质的事物都属于木的范畴。

---

[1] 郭洪涛,等. 武术与中医学[M]. 北京:中国中医药出版社,2017.

"火曰炎上"。"炎上"，即火具有温热、上升的特性。其引申义为具有温热、升腾作用的事物都属于火的范畴。

"土爰稼穑"。"稼穑"，即土有播种和收获农作物的作用。其引申义为具有生化、承载、受纳作用的事物都属于土的范畴。

"金曰从革"。"从革"，即"变革"。引申义为具有清洁、肃降、收敛等作用的事物都属于金的范畴。

"水曰润下"。"润下"，即水具有滋润和向下的意思。引申义为具有寒凉、滋润、向下运行等特性的事物都属于水的范畴。

2. 五行之间的关系

五行学说，主要是指将事物归属于五行并不是静止的、孤立的，而是以五行之间的相生和相克联系来探索和阐释事物之间的联系、相互协调平衡的整体性和统一性的，以五行之间的相乘和相侮来对事物之间的协调平衡被破坏后的相互影响进行积极的探索和阐释，五行生克乘侮的意义就在于此。

（1）生克和制化。这一事物对另一事物具有促进、助长和资生的作用，就是所谓的相生；这一事物对另一事物的生长和功能具有抑制和制约的作用，就是所谓的相克。相生和相克对于自然界和人来说，都属于正常现象。自然界中的生态平衡，人体中的生理平衡之所以能够得到较好的维持，与事物之间存在着相生和相克的联系有着非常密切的联系。

一般来说，五行相生的次序为：木生火，火生土，土生金，金生水，水生木。相克的次序为：木克土，土克水，水克火，火克金，金克木。这样以次相生，以次相克，如环无端，生化不息，如此，事物之间的动态平衡便得到较好的维持。

（2）乘侮。五行之间的相乘、相侮，是指五行之间的生克制化遭到破坏后出现的不正常相克现象。五行中的相乘，是指五行中某"一行"对被克的"一行"克制太过，而引起的一系列异常相克反应。相侮，则是指五行中某"一行"过于强盛，对原来"克我"的"一行"进行的克制，所以也将反侮称为反克。

与相生相克不同的是,相乘和相侮都是不正常的相克现象,两者之间既有区别又有联系。其中,不同之处在于:前者是按五行的相克次序发生过强的克制,而形成五行间的生客制化异常;后者是与五行相克次序发生相反方向的克制,而形成五行间的生克制化异常。

(二)五行学说在中医学中的应用

五行学说在中医学中的应用,主要是通过五行的特性来对机体的脏腑、经络等组织器官的五行属性进行分析和研究,通过五行之间的生克制化来对机体的脏腑、经络之间和各个生理功能之间的相互联系进行剖析和探索,通过五行之间的乘侮来对病理情况下的相互影响进行阐释。总的来说,就是中医通过五行学说的运用来对五脏六腑间的功能联系及脏腑失衡时疾病发生的机理进行解析,同时,也能将其用来对脏腑疾病的治疗进行积极的指导。

在这方面,较为典型的代表有《素问·金匮真言论》《素问·阴阳应象大论》等,其中就有根据事物内在的运动方式、状态或显象的同一性来对五行进行归类的观点和表述。

(三)五行学说在武术中的应用

一直以来,阴阳五行学说都对武术的研究和发展产生一定的影响,在阴阳五行学说中较早影响武术的是阴阳学说,后来五行学说直接融入武术,心意拳是与五行直接产生联系的一个典型拳术,其以五行为依据来进行归类,如此一来,就使拳术与自然界、人体之间的联系更加紧密。除此之外,与五行学说有着密切联系的武术项目有很多,比如五行拳、少林武术。

1. 五行拳

五行拳的主要特点是动作简单,规矩严谨,左右式反复。由此,形意拳中的其他各式拳法也逐渐演变而成,因此,五行拳往往也被称为形意母拳,属内家拳。

形意拳中最基本的拳法就是五行拳,具体包括劈拳、钻拳、崩拳、炮拳、横拳。可以说,这是以中国传统文化中的五行学说来命名的拳术,以五行学说结合拳式,把拳式招法删繁就简,再与中医理论知识充实拳理和攻防技法有机结合起来,便形成了五行拳。

《内经》按五行特性分别纳入五脏,如肺属金、肾属水、心属火、肝属木、脾属土,六腑亦分别按表里关系含于五脏,用来对五脏六腑的生理特性和它们之间的相互关系进行明确的阐释,生克制化,秩序井然,使人体脏腑经络、四肢百骸构成了一个有机的整体。五行拳有劈、钻、崩、炮、横五式,分别对应于金、木、水、火、土五行。练此五式,可分别有利于肺、肾、肝、心、脾五脏。

2. 少林武术

少林武术中也充分体现了五行生克。五行外应人之五官,内应人之五脏。如"心属火,心动勇力生;肝属木,肝动火焰冲;肺属金,肺动沉雷声;肾属水,肾动快如风;脾属土,脾动大力生。此五行之属于内也"。

少林武术对以自己之五行克敌之五行是非常讲究的,《少林拳诀》中就有这方面的表述:"二人相争,先闭五行。"其大意为,首先要闭自己的五行,也就是保护好自己的五官和五脏不给敌人可乘的空隙;然后要封闭对方之五行,攻击敌人之五官、五脏,也就是以五行生克的道理处处克制对方,使对方处于被动的地位。比如,目属肝,金能克木就属于这方面的典型例子。

第四节　常见的武术套路保健养生体现

一、形意拳保健养生套路

这里就以五行连环拳为例来对形意拳的保健养生套路加以

分析。

（一）预备姿势

开始姿势同三体式。

（二）进步右崩拳

两掌变拳握紧，左脚前进一步，右脚随之跟进半步，重心偏右腿。前脚跟与后脚跟相对，两脚距离约 30 厘米。同时右拳顺着左臂方向直向前打出，拳眼向上，拳面微向前倾；左拳撤至腰部左侧，拳心向上。眼看右拳。

（三）退步左崩拳（青龙出水）

左脚、右拳不动，右脚向后撤半步，然后左脚再顺着右脚方向撤至右脚后方，两腿交叉，左脚顺，右脚横，左脚跟微离地面，成稍蹲姿势。左脚向后撤时，左拳向前打出，拳眼向上；右拳同时撤到腰部右侧，拳心向上。眼看左拳。

（四）顺步右崩拳（黑虎出洞）

右脚向前一步，左脚随之跟进半步。同时右拳顺着右脚方向直向前打出，拳眼向上，高与胸平；左拳撤至腰部左侧，拳心向上，成右拳、右脚在前的顺步崩拳姿势。眼看右拳。

（五）退步抱拳（白鹤亮翅）

左脚向左后方撤半步，同时右臂屈肘，右拳贴近腹部由上向下插，拳心向上；左拳置于右拳下方，拳心向上。两臂同时向上摆起（右拳左掌），经头部前上方分开，再由两侧下落画一立圆，收到腹前，右拳落在左掌心内。上体稍右转，同时右脚撤到左脚前方。眼看前下方。

（六）进步炮拳

右脚向前迈进一步（略向右斜），左脚向前跟进半步。同时左掌变拳向前打出,拳眼向上,高与胸平;右拳经胸前向上翻转上架,停于右额角旁,成右脚、左拳在前的拗步姿势。眼看左拳。

(七)退步左劈掌

右拳向体前下落,拳心向上;左拳收回,停于腰部左侧,拳心向上。右脚随之向后撤一步。眼看右拳。左拳经右前臂上方向前伸掌并翻转下按,右拳在左拳变掌翻转时也变掌下按,停于腹前。眼看左掌。

(八)拗步右钻拳

前势稍停,右脚不动,身体稍向右转,两掌随之下落变拳,收至腹前,拳心均向上,两前臂抱于腰部两侧。同时左脚收回提起,紧靠在右脚踝关节处。眼看前方。身体左转,左拳由胸前向上钻出,然后左脚前进一步,右脚随之跟进半步。同时右拳顺左前臂上方钻出,高与鼻尖平;左拳向里翻转,撤回腹部左侧,拳心向下,眼看右拳。

(九)跳步双劈掌(狸猫上树)

两手不动,左脚直向前垫半步,膝部微屈;右腿随之向上提起,脚尖上勾,然后右脚脚跟用力向前下踩落地;左脚随之跟进半步,脚跟离地,成前脚(右脚)横、后脚(左脚)顺的交叉半蹲姿势。同时左拳变掌顺右臂内侧向前、向下劈,高不过口;右拳变掌撤至腹前。眼看左掌食指尖。

(十)进步右崩拳

两掌变拳,右脚先向前垫步,然后左脚向前进一步,右脚随之跟进半步,重心偏于右腿。同时右拳顺左臂直向前打出,拳眼向上;左拳撤至左腰侧(拳心向上)。眼看右拳。

(十一)回身式(狸猫倒上树)

左脚尖里扣,以右脚掌为轴,身体向右后转180°。同时右拳屈肘收回右腰侧(拳心向上),重心偏于左腿。眼平视前方。右拳由胸前经下颌向上、向前钻出,高与鼻尖齐平。右腿向上提起,脚尖上勾,然后右脚脚跟用力向前、向下踩,横脚落地;左脚也随之跟进半步,脚跟离地,左膝与右膝窝抵紧,成右脚横、左脚顺的交叉半蹲姿势。同时左拳变掌,顺着右臂内侧向前、向下劈,手高不过口;右拳变掌撤至腹前。眼看左掌食指尖。

(十二)收势

往返打到原来起势的位置,回身做收势,收势动作与五行拳的崩拳收势动作相同。

二、八卦掌保健养生套路

以简化十六掌为例来对八卦掌的保健养生套路加以分析。

(一)预备势(站无极桩)

两脚并拢,脚尖向前,两腿伸直,两膝相抱。两臂自然放于体侧,五指并拢置于腿侧,沉肩坠肘,含胸裹背,舌抵上腭,立身中正,提项直颈。双目平视,气沉丹田。

(二)起势(变太极)

两臂向体外侧伸展上扬,沉肩坠肘。同时,两腿缓慢弯曲,重心下降。两前臂内旋,两手画弧经胸前下沉至小腹,掌心向下,两臂呈弓形,肘窝相对。目向前平视。

(三)第一掌(下踏掌)

两臂圆撑按于腹前丹田位置,相距一拳,踏腕顶指,两肘窝与两手指尖均相对。同时逆时针沿圈线出左脚走行步桩;上动不停,逆时针沿圈线出右脚走行步桩。

（四）第二掌（外拓掌）

接上势，行走中两臂外撑，两掌向外、向下旋拓，掌心向下。随外拓掌，向左转身。同时右脚向右前扣步；上动不停，待两掌外拓至身后，外旋成掌心向上，两前臂向上、向前运动至胸前，掌背相对，至额下时两掌内旋，掌指向上，掌根相对。同时，带动身体继续左转，重心移至右脚，左脚虚步点地。

（五）第三掌（平托掌）

两掌从额下沿眉梢方向向两侧搓出，变平托掌，当双目平视时，余光能看到双掌为准，两臂微屈，含胸沉肩，两肘里合，两掌外开，掌心向上。同时顺时针沿圈线出左脚走行步桩；上动不停，顺时针沿圈线出右脚走行步桩。

（六）第四掌（内截掌）

两臂由前臂引领向前合，内截，两肘用力，力在前臂内缘及两掌小鱼际，沉肩垂肘，两掌心向上，略高于肩。同时左脚进步扣步；两肘后抽，两掌心向上收于腰两侧，两臂内旋后撤并外分上扬，然后屈臂收掌于耳侧，掌心向前，指尖相对。同时，带动身体右转，重心移至左脚，右脚虚步点地。双目向前平视。

（七）第五掌（双撞掌）

两臂向前圆撑，臂和掌向内拧裹，两肘窝相对，掌与口平，沉肩垂肘，两掌中指相对，掌心向前，力在掌根。同时带动右脚逆时针沿圈线进步走行步桩；上动不停，左脚逆时针沿圈线进步走行步桩。

（八）第六掌（横撩掌）

左前臂微外旋并向右肩方向掩肘，以肘领先带动前臂，左掌向右置于右肘窝处，立掌，肘要贴紧前胸，掌心斜向右肩；右臂、右掌保持外撑。同时，在掩肘的带动下，向右转体，右脚进步扣步，坐腰溜臀。目向左肩方向平视；左臂弧形下落并向左上弧形撩掌，与地面平行，掌心向外，拇指里扣向下；右臂、右掌保持外撑。在撩掌的带动下，向左转身，重心坐于右腿，身体保持中正，收臀，抽腰顶项，垂肩。同时，左腿向左后方摆，左腿与左臂上下相呼应，下盘成高桩半马步，两脚趾抓地，左手、左足对齐。目视左掌方向。

（九）第七掌（合抱掌）

右臂外旋下落并向身体左前方撩打；掌心向左上；左臂内旋微屈肘上抬外撑于头左上方，掌心斜向上。同时，在撩打的带动下，身体左转，左脚原地外摆步，右脚进步扣步，重心坐于左腿。目视前方；上动不停，右前臂向上竖起，右掌成弧形运动至额下，掌心向上，然后从额下向圆心方向穿出，掌指微微上翘，臂微屈；左臂外旋向下，左掌从耳侧向上、向前经头顶向圆心方向穿出，掌心向下（如左掌心向上为托枪掌），与右掌相应，两掌成合抱掌，又称抱球式，似狮子张嘴。同时，在合抱掌的带动下，向右转身，右脚顺时针沿圈线向前进步走行步桩。目视圆心方向。

（十）第八掌（平削掌）

右掌向左平削，左臂内旋成掌心向上。同时，在削掌的带动下，向左转身。左脚进步扣步。目视右掌方向；上动不停，左臂外旋弧形下落至与肩同高时，向右平削掌，掌心向上；右臂屈肘后撤，右掌经左胸、右腹向腰后掖出，掌心向后。同时，在削掌的带动下，向右后转体，右脚逆时针沿圈线进步走行步桩。目视左掌方向。

（十一）第九掌（阴阳掌）

右臂向右前方弧形回兜，圆撑于头的右前方，掌心向前，与肩同高；左臂内旋，屈肘后撤，回落于左腰侧，左掌向小指一侧旋并向左后方掖掌,与腰眼齐平,掌心向后。两臂内拧,一前一后,圆撑(俯视情况下构成 S 线)。同时,由掌法带动身体左转,左脚逆时针沿圈线进步走行步桩。目视圈心方向。

(十二)第十掌(撩阴掌)

右臂保持外撑,左臂拧肩调臂,左掌向后掖。同时,带动身体左转,右脚上步扣步。双目向前方平视;上动不停,右臂保持外撑,左臂继续向左后方掖成直臂。同时,随掖掌身体左转,左腿向左前方摆脚,左腿与左臂上下呼应,重心坐于右腿,下盘成高桩半马步。目视左掌方向。

(十三)第十一掌(横开掌)

左臂上抬圆撑于头的前上方,掌心向外;右臂外旋并弧形下落,右掌向左前方撩打。同时,在撩打的带领下,身体左转,右脚进步扣步,重心坐于左腿。目视撩打方向;上动不停,右臂内旋成掌心向下,并向右侧圈心方向横砍掌,沉肩坠肘,掌与肩同高;左臂下落外旋成掌心向上,并向右侧圈心方向砍掌,掌与胸同高,归于右腋下,左肘贴肋。两掌心上下呼应。同时,在砍掌的带领下,向右转腰。右脚逆时针沿圈线上步走行步桩。目视右掌方向。

(十四)第十二掌(背插掌)

左掌从右腋下向背后插掌。同时,带动身体右转,左脚进步扣步;接上势,左掌继续向后上方插掌。右臂高挑,指尖冲天。同时,在插掌的带动下,身体右转,重心移至左脚,右脚虚步点地。目视左肩方向。

(十五)第十三掌(指天打地双插掌)

两臂相错,左掌沿右臂下向上高挑,左掌、左臂贴耳钻天外旋,掌心斜向后,力在掌根;右掌从左胸前滑下,经腹部置于左胯旁,向下插地,力在掌根,掌心向圈心方向,上下掌成一条直线。

同时,在掌法的带动下,向左转腰。左右脚逆时针沿圈线进步走行步桩。目视圈心方向。

(十六)第十四掌(扣步掩肘横撩掌)

左前臂微内旋向右肩方向掩肘,并以肘领先带动前臂,左掌高与眉齐,肘要贴紧前胸,掌心斜向右肩;右掌姿势、位置不变。同时,在掩肘的带动下,向右转体,右脚进步呈扣步,注意坐腰溜臀。双目向左肩方向平视;上动不停,左臂弧形下落向左弧形撩掌,左臂与地面平行,掌心向外,拇指里扣向下;右前臂收至右肋下,右掌置于腰间,掌心向上。同时,在撩掌的带动下,向左转身,保持身体中正,收臀,抽腰顶项,垂肩。左腿向左侧摆步,左腿与左臂相呼应,两脚趾抓地,左手、左足对齐。目视左掌方向。

(十七)第十五掌(转插掌)

右掌掌心向上经胸部向左腋下转插,掌指向圆心。同时,身体随之左后转,左脚原地外摆步,右脚进步扣步,尽量转腰,面向圈心方向。左手随转体向左后平摆,掌心向外,拇指斜向下。目视圈心。

(十八)第十六掌(推转掌/推磨掌)

右臂向右后外展,沉肩坠肘,掌心向上,掌指与眉同高;左臂外旋并逐渐屈肘,左掌收回至胸前,掌心向上。同时,向右后转身,右脚向身后摆脚归于圈线。目视右掌方向;上动不停,右前臂内旋,以腕带掌,做小幅度平抹,然后翻掌外拓,掌心向圆心;左前臂内旋,左掌向右下方外拓,掌指与右肘尖相对,掌心向右,两肘窝向上。同时,向右转体,面向圆心方向。目视圈心方向。

(十九)收势

以推转掌的掌势顺时针走 1/4 圈。两肘后抽,两前臂外旋,两掌收于腰两侧,两掌心向上。同时,向左转体,目向前方平视;

两肘继续后抽,两掌屈腕内旋向小腹前弧形平抹,掌心向下,两臂呈弓形,肘窝、掌指相对,两掌下压,力在掌根。同时,身体右转,左脚进步收于右脚旁成并步,两腿伸直,两膝相抱。目向左前方平视;两臂外旋下落至体侧,五指并拢置于腿侧。身体微右转。同时,右脚向右前上半步,左脚跟步,两脚平行向前,归于起势方向。立身中正,沉肩坠肘,含胸裹背,舌抵上腭,气沉丹田。目向前方平视。

三、八段锦保健养生套路

(一)预备式

身体直立,两臂下垂,全身放松,舌抵上腭,目光平视。

(二)两手托天理三焦

(1)在吸气的同时,两臂从体侧缓缓上举至头顶,掌心朝上;两手指交叉,内旋翻掌向上撑起,肘关节伸直,如托天状;同时两脚跟尽量上提,抬头,眼看手背。

(2)在呼气的同时,两臂经体侧缓缓下落;脚跟轻轻着地,还原成预备式。

(三)左右开弓似射雕

(1)左脚向左横开一步,屈膝下蹲成马步,同时两臂屈肘抬起,右外左内在胸前交叉。

(2)左手拇指和食指撑开成八字,其余三指扣住,缓缓用力向左侧平推,同时右拳松握屈肘向右平拉,似拉弓状,眼看左手,此为"左开弓"。

(3)两臂下落,经腹前向上抬起,在胸前交叉,右手在内,左手握拳在外。

(4)"右开弓"动作与"左开弓"相同,方向相反。

（四）调整脾胃须单举

（1）并步直立，两臂屈肘上抬至胸前，掌心向下。

（2）左手内旋上举至头顶，同时右手下按至右胯旁，此为"左举"。

（3）左手向下，右手向上至胸前；除左右相反外，"右举"动作与"左举"相同。

（五）五劳七伤往后瞧

（1）两脚并步，头缓缓向左、向后转，眼看后方。

（2）上动稍停片刻，头慢慢转回原位。

（3）头缓缓向右、向后转，眼看后方。

（六）攒拳怒目增力气

（1）左脚向左平跨一步成马步，两手握拳抱于腰间，眼看前方。

（2）左拳向前用劲缓缓冲出，小臂内旋拳心向下。

（3）左拳变掌，再抓握成拳收抱腰间。

（4）右拳向前用劲缓缓冲出，小臂内旋拳心向下。

（5）左侧冲拳，方法同左前冲拳，推向左侧冲出。

（6）右侧冲拳，同左侧冲拳，唯左右相反。

（七）双手攀足固肾腰

（1）两脚并步，上体后仰，两手由体侧移至身后。

（2）上体缓缓前俯深屈，两膝挺直，两臂随屈体向前、向下，用手攀握脚尖，（或手触地）保持片刻。

（八）摇头摆尾去心火

（1）左脚向左横跨一步成马步，两手扶按在膝上，虎口朝里。

（2）随着吸气，头向左下摆，臀部向右上摆，上体左倾。

（3）随着呼气,头向右下摆,臀部向左上摆,上体右倾。

（4）上体前俯,头和躯干和向左、向后、向右、向前绕环一周。

（5）同上一动作,方向相反。

（九）背后七颠百病消

（1）两手左里右外交叠于身后;脚跟尽量上提,头上顶,同时吸气。

（2）足跟轻轻落下,接近地面,但不着地,同时呼气。

第八章 学校武术教育发展研究

学校武术教育的发展状况不仅对武术运动在学校的发展和推广有很大影响,还对武术运动在未来的传承和发展有很大影响。为此,本章以学校武术教育为研究对象,着重对武术文化的教育价值、武术文化与道德教育、学校武术教育的多元审视、武术文化在学校教育中的发展策略进行深入阐析,力求向学校武术教育的发展进程中注入动力。

第一节　武术文化的教育价值

武术文化在数千年的发展过程中不断汲取我国民族文化的精华,逐步演变成我国传统文化的典型代表之一,同时已经基本发展成为能够和西方主流文化相抗衡的民族文化,因而大大激发了其他国家人民的探索欲,越来越多的人主动参与汇集中华儿女智慧的古老格斗技艺。值得一提的是,李小龙的出现使西方人的牛津字典中出现了中国文化气息浓郁的词汇——"Kungfu(功夫)"。截至当前,越来越多的西方人开始主动接受中国文化特色鲜明的称谓"Sifu(师父)",这直观反映了中国武术运动的独特文化魅力,武术文化成功征服了西方人和西方世界,从本质来看属于一种成功的文化输出。尽管中国武术在其他国家需要接受来自拳击、跆拳道以及空手道等运动的冲击,但武术文化源远流长的发展历史、丰富的流派、招法灵活转变的武术意境依旧对西方人有很大的吸引力。

一、武术文化蕴含的民族文化和民族精神素材能对青少年产生显著的教育价值

武术文化中蕴含着丰富的民族文化以及民族精神素材,其中对青少年产生的教育价值最为显著。武术文化的魅力并非只停留于武术技艺本身,更值得一提的是渗透在武术运动中的中华民族优秀文化以及中华民族精神,如岳飞的"精忠报国"、戚继光率领"戚家军"抗击倭寇等,包括岳飞和戚继光在内的无数爱国武术家的故事被世世代代中华儿女传唱。近些年来,中国功夫片依然深受人们的欢迎,被广大百姓誉为爱国武术家的霍元甲和黄飞鸿的故事不断被搬上银幕。中国武术的招式不仅充分彰显了中国传统文化的内涵,也能让习练者在各种招式中深刻领会中国文化的精深和独特,能够在潜移默化中对练习者产生教育作用。

在中国武术中,八极拳与太极拳的名字就拥有极深的文化意蕴,中国武术运动的技术规划到劲力要求均尤为厚重,不仅存在一种意念的渗透以及尤为直接的简洁,同时完全不缺乏任意出击的洒脱,练习者往往会在劲力饱满与迅猛快捷中伺机而发。流传时间较长的古典传统武术套路,通常都是几代人智慧的结晶,不仅蕴含着很多值得我们探索的情节和传奇,同时充分反映了先辈们对艺术的尊重与严谨。

二、武术文化教育中强调的"武德"彰显了武术文化的教育价值

在实施武术文化教育的过程中,反复重申"武德"充分反映了武术文化的教育价值,原因在于其将道德方面的规范与约束融入习武者日常生活中,在习武者参与武术运动的各个环节都有涉及。发展至今,"武德"中的很多积极成分依旧值得青少年学习和传承。例如,司马迁把"德"放在与"道"同等重要的位置,由此不难看出"德"可以对习武者产生尤为深远的影响,他明确说明习武者蕴含的人文精神和社会教化功能。司马迁提出的观点对后世

产生了尤为深远的影响。一般来说,只要是传统武术流派都会要求本门派弟子接受不同程度的道德约束,一些传统武术流派的衣钵传人往往需要经受很长时间的品格考验。

诚信同样是广大习武者严格遵循的准则。如果习武者具备高强的武功,但又是不讲诚信的小人,同样会受到武术运动习练者的轻视。一般来说,"武德"中的内容主要源于传统文化的典籍注解,是"武"文化和"文"文化的有机结合,习武者对"武德"的崇敬之情恰恰是对中国文化的敬畏之情,以儒家文化为主体的中国文化充分反映了顶礼膜拜之情,不仅说明习武者自愿接受这种文化的约束与限制,也说明习武者自愿接受该文化背景下的道德与价值评判。

第二节　武术文化与道德教育

一、武术文化所蕴含的道德内容

从古至今,武术文化和其他文化形态都处在同一个自成体系的文化区域不断发展着,彼此间的关系是相互影响、相互渗透。由此可见,中华民族的基本精神和民族文化精粹同样会在无形中慢慢渗透到武术文化形态中,这就使武术文化不只是要承担传授武术技艺的责任,还要承担传承世代中华儿女积累并创造的灿烂文化。在武术文化的传播过程中,通过对中国古代道德思想发展历史学习和对古代思想家有关道德教育的言论、思想及行为的梳理,向人们普及中华文化宝库中的传统美德,促使人们逐步掌握并运用为人、处世、治学的道理,由此使人们的道德修养以及人文素质获得大幅度提升,加快人们拥有健全人格的速度。

崇武尚德是武术界人士都信仰的一种言行准则,习武者根据崇武尚德这项言行准则来修身养性、规范一言一行、评判善恶和好坏。崇武尚德的主要内容是:其一,反复重申学武的首要目的是安邦救国,在我国历史上武将和勇士凭借自身武艺救国于危难之中的例子数不胜数;其二,除恶扬善、重义轻利,我国历代武师侠士都在努力伸张正义、为民除害;其三,尊师重道、勤修苦练,如《少林武术新戒约》以及"抱拳礼"都是这项内容的具体反映。

中华民族追求以"内贤外王"为理想人格的儒家思想,有孔子的"道之以德",墨子的"以兼相爱,交相利之、法易之"伦理思想以及武术文化反映出的伦理型文化、重视人际关系的特殊人文精神,所以说儒家思想核心"仁"的基本内容恰恰是武德的核心内容。不管是点穴术还是内家拳中"后发制人"的套路得以形成,以及中国武术家不同样式的间接比武方法,都始终把遵循人际关系和谐设定为宗旨。

除此之外,站在特定角度来分析代表武术文化足迹、中国武人命运、中国世俗文化发展历程写照的武侠文化,能够更好地反映领会并展示我国传统伦理道德力量在武术文化发展过程中产生的作用。先秦游侠、隋唐隐侠、荆轲大侠等都彰显了他们正直的伦理观念以及侠义精神。但是,综合分析我国传统道德的发展能够发现,其以仁、义为核心的一贯思想便是围绕"为社会、为民族、为国家、为人民"的整体精神而展开的,反映"精忠爱国、维护统一"的整体思想的案例数不胜数。

二、武术文化对青少年道德的培养

一直以来,我国都以注重礼仪和文明而闻名世界。中华民族传统文化在人类文明发展历程中贡献了很多。从本质上来说,中国传统道德是我国古代思想家持续归纳和整合中华民族道德实践经验的结果,是构成我国民族精神的关键部分,从特定角度来分析是中华民族传统文化的核心内容。

在《论语·为政》中,孔子提出"从心所欲,不逾矩"就是道德人格最高境界。详细来说,孔子认为道德人格是在后天坚持不懈的主观努力过程中学习、自我修养以及自我完善的。因此,培养道德人格时,教育者一定要有目的、有组织、有计划地借助课堂宣讲以及环境熏陶等手段来施加系统的道德影响。由此不难发现，武术文化是中国民族文化精髓的典型代表，武术文化在传承技术时应当自觉承担起育人的任务。

(一)提高道德认识

道德认识就是人们对特定的社会道德关系以及这种道德关系的理论、原则、规范的理解和掌握。[①]当人们对特定道德关系和道德要求形成准确而确定的认识后，人们才能逐步形成优良的道德行为以及道德品质。通过深入分析不难发现，武术教学过程中应当有效运用多元化方式来理解和把握"善恶"与"得失"观念，科学运用哲学指导、辩证思维以及总体思想促使学生逐步形成正确的道德观念。对于开展武术文化教学的教师来说，一定要指导、启发并激励学生勇于探索、大胆追求。

孟轲在《孟子·告子上》中说："鱼，我所欲也；熊掌，亦我所欲也；二者不可兼得，舍鱼而取熊掌者也。生，亦我所欲也；义，亦我所欲也；二者不可兼得，舍生而取义者也。"这充分反映了道德人格在取舍中产生的深远影响。以武术指定动作攻防实战比赛为例，当绝大部分学生都在遵循教师提出的要求进行时，一些迫切想要获得胜利的同学在和其对手比赛时，却使用非指定动作击倒对方，在急功近利学生获取胜利的一霎那他的脸上往往露出了扬扬得意的神态，被击倒的学生表现出茫然和疑惑，其他同学有沉默者、不平者、喝彩者，从整体来看全体学生神态各异，表现得相当不和谐。面对这种情况，教师就有必要采取针对性的措施，即立足于竞赛的视角明确指出该类行为是犯规行为以及不被允许的行为；在此基础上从道德层面加以分析，明确指出这是人格低下的具体表现，从表面来看获胜者的确赢得了比赛胜利，但会因为背叛全体同学丢掉比赛机会，严重时会陷入被孤立的境地；最后，需要让学生深刻领会的道理是武术文化教学过程中的比赛竞

---

① 周中之. 伦理学[M]. 北京:人民出版社,2004.

赛意识更应该是一种竞合意识。具体来说,竞合意识中的"竞"是指赛以及争,竞合意识中的"合"是指在合作的基础上进行合击,如此其势就会变得更加强大。与此同理,在商品经济社会中更有必要学会利用这种双赢的得失观妥善解决不同类型的问题。

(二)陶冶道德情感

道德情感就是人们从心理层面对特定的道德义务和道德现象形成的具体情感,换句话说就是随着道德认识形成的内心体验。爱因斯坦指出,热情是所有的原动力,拥有伟大热情是拥有伟大行动的重要基础。《少林拳十戒》规定:"武艺须传忠诚有志之士,平易谦恭之人""强横无理者不传",就充分反映了道德情感对于习武者产生的深远影响。但需要说明的是,道德情感的内容是个体拥有尤为丰富的胆识,在个体道德品质萌芽和发展过程中能够产生决定性作用,并且是当代学生尤为缺乏的,此外是武术文化教学应当着重培养,换句话说就是责任感、羞耻感以及荣誉感。一般来说,当人们深刻意识到自身的责任之后,才会在学武以及施武的过程中反映出显而易见的自觉性以及主动性,进而无需来自外界的限制与束缚,与此同时将内心愉悦表现得淋漓尽致。由此不难发现,教师应当着重培养并增强学生的自主责任,责任感就个人而言是独立自我的培养,就家庭而言能够将其概括为"孝",就社会而言能够将其定义为"忠"。

通过多维度分析得出,武术文化教学中一定要重视并加强培养学生的知耻心,从而保证学生树立正确的善恶与荣辱标准,最终推动学生达到守仁行义、谨言慎行、辨知荣辱三项要求。举例来说,当训练课结束后,特别是大强度对抗练习或者身体素质训练结束后,相互按摩放松环节出现一名霸气学生总是让某位性格忠厚的学生为其按摩放松,同时因自身技术水平高、恢复速度快而深感骄傲,但不给性格忠厚的学生按摩放松。当出现这种情况时,教师就有很大必要采取相应措施,同时要保证不会伤害学生引起对立情绪,一般建议教师以考察按摩技术为由,安排霸气学生为性格忠厚的学生按摩且要求其达到规定的按摩时间,使霸气学生亲身体会训练结束后给他人按摩放松的辛苦,从而激发这名学生的内疚感以及羞耻感。

(三)锻炼道德意志

道德意志是指人们履行道德义务的过程中反映出战胜困难的毅力以及坚持不懈的精神。个体是否具备坚韧顽强的道德意志,不仅仅是他是否具备某种道德品质的关键性内容,还是他有没有可能具备该道德品质的关键性条件。一般来说,个体意志力是否足够强会在道德活动中通过战胜不同类型的阻碍反映出来。由此不难发现,怎样战胜外界因素以及个体的生理障碍和心理障碍是锻炼道德意志的关键环节。来自外界的不利因素会对锻炼道德意志的过程产生推动作用,而个体内部的负面因素往往是凭借道德意志控制逐步战胜的。

人类肉体存在惰性,情感喜欢放纵,若想取得胜利,必须让理性和意志统帅我们的神经。[①] 而恒心是悬挂在道德人格塑造前进路上的太阳,它能照耀你跋山涉水,披荆斩棘,也能在你心头被云雾笼罩之际,帮你刺破阴霾,让你看到透过乌云钻出来的耀眼光芒。因此,面对外界恶劣环境与艰苦条件时,任何时刻人们都要有战胜困难的决心,并相信自己有化险为夷的能力。由此不难得出,武术教学过程中一定要主动运用外在因素来锻炼学生的道德意志。

众多教育实践表明,教师有目的、有计划、灵活有效地为学生创设良好的道德实践机会,能够有效锻炼学生的道德意志。具体来说,当教师有意识委托一名不想迟到但经常迟到的学生管教室钥匙后,往往会由此形成"钥匙管我"的情境,使这名学生的责任意识得到有效强化,该学生控制自身行为的意志同样会获得有效锻炼。这种方法对武术教学有显著的借鉴意义。以一名武术技

---

① 张冠宇. 人生语录[M]. 北京:人民出版社,2004.

术水平高而好胜心强的学生为例,尽管他有遵守纪律的意识但时常在学生自我练习环节早退,面对这种情况建议教师安排该学生做某小组的小教练,专门设置一项该名学生要想获胜必须该小组获胜的前提条件,由此使该名学生形成集体责任感,进而使该名学生不得不在自我练习时对其他学生开展技术辅导,此类把不遵守纪律的行为转换成助人的迁移效应,会在潜移默化中减少早退行为的出现次数,促使该学生对道德意志的控制水平获得大幅度提升。

(四)确立道德信念

道德信念是指人们把道德认识、道德情感、道德意志充分结合起来,进而演变成个人行动的指南和原则,其能够对道德品质的形成过程产生决定性作用。当人们正式确立一种道德信念之后,往往会主动而坚定地根据自身的道德信念选择相应的行为且参与相关的活动,同时会使自身的行为达到原则性要求、坚定性要求以及一贯性要求,当环境和条件发生变化后依旧会向着自己信仰的方向不断努力,在努力的全过程中都不会改变初衷。儒家与道家分别提出"圣人"和"真人"作为自己的道德人格理想信念,而雷锋、焦裕禄、孔繁森则提倡全心全意为人民服务、忠于共产主义事业、大公无私的社会主义和共产主义道德的理想人格信念。耐心观察获得巨大成功的人士会发现,获取成功、最终达到预定目标、高效完成任务的人均对自己持有坚定的信心,对自身赢得胜利有坚不可摧的信念。具体来说,信念不单单是激发学习热情与工作热情的兴奋剂,还是使目标和现实之间的差距变短的催化剂,也是消除内心负面情绪的镇静剂,更是保证个体取得成功的强力剂。由此不难发现,他们都在为实现道德信念不懈努力着。

尚武崇德是武术界人士共同信仰的一种言行准则。孔子以"仁礼"为其用武信念,墨子以"兼爱"为其用武信念,游侠以"行侠仗义"为其用武信念,孙中山以"强国强种"为其用武信念等。时至今日,我们广大武术教育者又以什么作为自己的用武信念呢?曾经一度作为武术工作者的信念有:将武术列为中小学体育课的重要内容之一,将武术作为全民健身的运动项目,将武术作为进军奥运会的运动项目等。诚然,在武术人的不懈努力与奋力追求下,武术发展取得了令人瞩目的成绩。但冷静之余,人们总觉得作为民族文化精华的武术文化在其发展与功能上尚欠缺些什么,在当前极力追求以人为本、共同发展的和谐社会背景下,笔者认为武术教育应以塑造与培养健全人格为自己的用武信念,所以说如何在实践过程中运用切实可行的手段加大培养学生道德信念的力度是十分重要的。

如果没有坚定不移的期待,将无法点燃强烈愿望的火焰,同样不可能有坚定不移的决心。除了对预设目标和需要完成的事情充满信心以外,往往会察觉到实现愿望有很大困难。既然人们已经深刻认识到信念和个人能力存在尤为紧密、尤为关键的联系,那么武术教学就有必要适度加大培养学生坚定信念的力度。举例来说,学生迷恋电子游戏往往是因为此类游戏可以激发学生的兴趣,同时可以引导学生慢慢形成获得成功的信念。对于此类学生,建议教师不要单方面批评和指责学生,如此会使学生产生逆反心理。出现这种情况时,建议教师设法利用武术教学引导学生。例如,教学生侧弹踢腿时,由低到中再到高,经过多次示范后以最快的速度击打最高点目标(把目标假想成对手或者坏人的头部),在此基础上和投币频繁、废寝忘食方可通关升级的网络游戏,两者均会经历从质变到量变的过程,都需要耗费时间和精力反复练习,最终才有可能获得成功带来的成就感。但是在电子游戏中获得的快乐往往是消极的、短暂的,一般会迅速因为经济压力以及身体过度疲劳而产生多种负面情绪;而前者是积极的、进取的,同时会随着练习次数的增多而拥有更加充沛的精力,此外会获得巨大的成就感和自豪感。教师可以通过鲜明对比使学生明白电子游戏产生的诸多危害,这也是一种启发性强的引导以及培养和增强学生道德信念的可行性手段。

(五)培养道德行为习惯

在道德实践活动中,人们坚持重复某项道德行为,同时将具体的道德行为积淀在心里,在此基础上转变为自动的行为方式。道德行为习惯涉及很多层面的内容,最常见的表现内容分别是思维、语言、行为三个方面,促使个体形成道德行为的手段有很多,但始终无法脱离的一个环节是设法使外在的道德要求和价值取向彻底融入个体的血肉中,实现灵和肉的有机结合是尤为重要的一个环节。道德行为习惯不但是主体由道德他律状态向道德自律状态跃迁的主要标志,而且是外在显现出的表现形式之一。习惯对个体来说是一把双刃剑,所以一定要积极运用多种方式方法尽快养成良好的道德行为习惯,以最快的速度从他律阶段过渡到自律阶段。

个体形成道德行为习惯往往会经历很长且很烦琐的过程,整个过程和武术技术动作动力定型有很多相似之处,同样必须要经过动作的泛化分化—定型—自动化等不同阶段,所以开展武术教学活动的教师应当反复重申并要求学生坚持不懈地学习,尤其要针对学生道德行为习惯的薄弱环节加强教育。

从整体来说,道德教育是一个有机整体,构成道德教育的五个环节存在着相互联系、相互作用的关系。具体来说,道德认识是前提条件,道德情感与道德意志发挥着中介作用,道德信念是最为核心的内容,道德行为是最终的结果。然而,武术教学实践能够贯穿到道德人格培养的所有环节,只有借助实践道德人格培养的几个环节方可有机地统一起来,只有凭借实践方可更高效地总结经验,从根本上强化学生道德人格培养的实际效果,这也是武术教学必须达到的一项关键目标,更是武术教育者需要坚持追求的目标。

第三节　学校武术教育的多元审视

针对学校武术教育,本节主要对我国农村部分中小学武术教育现状以及普通高校体育课武术教育现状进行调查,通过分析调查结果来从多个视角审视学校武术教育。

一、对我国农村部分中小学武术教育现状调查

这项调查是以发放问卷为主、个别走访为辅来进行的。调查问卷包括教师问卷与学生问卷两种类型,主要内容是师生对武术的认识、武术的开展状况、学校武术教育的整体情况、武术和其他项目的比较结果。

(一)学校武术的开展情况

在对农村中小学 516 个学生的调查中,喜欢武术的学生接近 2/3(见表 8-1),但有 62％(近 2/3)的教师回答学校的体育课中"没有"武术方面的内容。这些学校未能开设武术课的原因依次是:适宜的教材偏少、自己不是武术专业的教师、自己对开展武术教学活动感到心有余而力不足、学生对教学大纲中的武术内容不感兴趣、学校未提出相关要求。对于已经开设了武术课的学校,开设的项目以武术基本功、武术操、少年拳、太极拳为主,其他内容很少开展。学生调查问卷的结果显示,当前由武术专项教师担任武术课的学校不到 10％,但是 82％的教师认为配备武术专项教师是上好武术课的重要条件。

表 8-1　学生对武术及其他体育项目的认知比较

n＝516 人	更喜欢武术	更喜欢其他	两者都喜欢	两者都不喜欢
比例/％	24	29	40	7

由此不难发现,很多学生都对武术有浓厚兴趣,但很多学校并未开设武术课,少数开设武术课的学校往往安排一般体育教师开展武术教学活动,但一般体育教师认为为武术课配备专业武术教师很有必要。

(二)学生对武术的实际需求情况

对"您认为学生喜欢什么类型的武术"的开放性问题的回答,

大部分教师填了防卫类、技击类、对抗类,还有的填了跆拳道、拳击等非武术的格斗类项目。教师的回答和学生问卷的回答大体一致,学生有浓厚兴趣的武术内容主要是攻防对抗类(见表8-2),学生学习武术最常见的目的排序是防身自卫、强身健体、培养意志品质、了解中国传统文化(见表8-3)。

表 8-2 学生最感兴趣的武术内容

$n=516$ 人	拳术套路	器械套路	攻防对抗类	健身养生类	其他
人数/人	94	110	249	120	4
比例/%	18	21	48	23	01

表 8-3 学生学习武术的主要目的

$n=516$ 人	防身自卫	强身健体	培养意志品质	了解中国传统文化	其他
人数/人	344	336	174	115	3
比例/%	67	65	34	22	01

分析上述的调查结果能够发现,绝大部分学生学习武术的主要目的是防身自卫,次要目的是强身健体。与此同时,学生更加倾向于通过学习攻防对抗类武术来达到防身自卫、强身健体的目的,但当前学校还无法充分满足学生的这项需求。上述调查结果和对城市的调查结果存在诸多相似之处,由此表明,我国各个地区之间、我国城市和农村之间存在的差异比较小。

(三)调查结果的原因分析

以上调查结果呈现出的具体情况和城市以及众多学者的研究基本一致。各项分析结果显示,造成这些情况的主要原因是受整个武术发展大环境的影响。自新中国成立以来,只是将武术定位成体育范畴的技术层面,未将武术的文化与精神教育价值考虑在内。就技术层面来说,同样在很长时间内不允许谈技击,这使得武术运动的对抗性比赛被迫取消,允许发展的套路形式被引向艺术表现的方向,将"质量高、难度大、形象美"设定为主要方向的竞技武术在很长时间内都是武术发展的主流。以这个为背景,20世纪 50 年代后期创编了初级长拳、初级器械以及 24 式太极拳等武术套路,武术的其他内容都被排除在外。改革开放之后,党中央确立"解放思想,实事求是"的方针后,武术界开始循序渐进地开展对抗性项目比赛,武术运动的发展逐步进入正轨。然而,关于学校武术的改革并未迈开步伐,截至当前很多版本的武术教材都没有彻底革新老模式,很多学校仍以 20 世纪 50 年代创编的老套路或将其翻版重组、换汤不换药的套路为主要教学内容。站在学生的角度来分析,这些内容老套、趣味性不强、竞技化程度严重、难度偏大,因此必然无法激发学生学习的积极性以及教师教学的积极性,此外很多教师也不具备教的能力。近些年来有些情况时有发生,即很多学生主动前往校外武馆花钱学习武术散打以及跆拳道,但不愿意在学校学习如何体操一般的武术,这些情况值得武术教育工作者深思。学校和教师对武术的具体定位以及最终选择的教学内容,会对学生学习武术的积极性产生很大影响。对于武术工作者来说,当前面对的一项重要课题就是正确定位武术并选取最适宜的内容,从而更好地满足学生对武术的实际需求。

二、普通高校体育课武术教育现状调查

在长时间的改革实践之后,高校在现阶段往往会采取选项制,将学年设定为单位轮回。体育选项制为系统性开展武术教学提供了诸多有利条件。为了建立与之相适应的武术课程体系,我们在大范围调查的同时,还开展了多年的实践改革尝试。

在我国多个高校开展关于普通高校体育课武术教育的问卷调查后得出,普通高校学生学习武术的主要目的集中在强健身体、增强意志和防身自卫两方面(见表 8-4),女生更倾向于防身自卫。学生喜欢的武术类别主要集中在攻防技击类(见表 8-5),艺术展现类的最少。接下来列举的一些武术内容的选项(见表 8-6)正与之相符,男生排前 3 位的依次是防卫技术、富有攻防技击特

色的传统武术套路、竞技散打；女生依次是防卫技术、富有攻防技击特色的传统武术套路、健身保健性的太极拳类套路。这些调查结果表明，学生学习武术的主要目的是强身健体和防身自卫，喜欢的类别集中在攻防技击类，具体内容倾向于防卫技术、传统武术套路和散打。保健类的太极拳深受一些女学生的欢迎，说明她们倾向于低运动量。除此之外，分析与学生座谈的记录能够了解到的是：男生更倾向于开放性的散打，女生更倾向于防卫技术，很多女生都表现出想要通过学习武术运动来增强防卫能力的强烈愿望。

表 8-4　学生学习武术的主要目的的调查

学生学习武术的主要目的的选项	男生（n＝262 人）		女生（n＝30 人）	
	人数/人	比例/%	人数/人	比例/%
用于格斗技击，寻求刺激	5	2	0	0
学习攻防技术，用于防身自卫	103	39	18	60
强身健体，增强意志	125	48	11	37
养生保健，延年益寿	9	3	0	0
通过学习艺术化的套路，来展现阳刚美	4	2	0	0
通过学习传统武术，了解中国传统文化	15	6	0	0
其他	1	0	1	3

表 8-5　学生喜欢的武术类别的调查

学生喜欢的武术类别的选项	男生（n＝262 人）		女生（n＝30 人）	
	人数/人	比例/%	人数/人	比例/%
攻防技击类	160	61	13	43
健身养生类	80	31	11	37
艺术展现类	22	8	6	20

表 8-6　学生喜欢的具体武术内容的调查

学生喜欢的武术类别的选项	男生(n＝262 人)		女生(n＝30 人)	
	人数/人	比例/%	人数/人	比例/%
竞技散打	113	43	9	30
防卫技术(包括踢、打、摔、拿等技法)	189	72	22	73
表演性的武术套路	39	15	14	47
武术器械套路(包括刀、枪、剑、棍等)	81	31	7	23
健身保健性的太极拳类套路	83	32	17	57
富有攻防技击特色的传统武术套路	129	49	19	63
武术短兵、长兵对抗	82	31	8	27

　　相比较来说,普通高校公共体育的武术教学整体状况比中小学武术教学整体状况好一些,原因在于绝大多数高校都有武术师资,选项课可以为武术的系统教学提供一定的课时保障,仅有少数至今都没有落实体育选项课改革的学校,其武术教学和中小学存在相似之处。普通高校学生对武术的认知状况和中小学学生也基本一致,由此充分说明高校武术课程改革和中小学武术课程改革存在一致性。

第四节　武术文化在学校教育中的发展策略

　　为了推进武术文化在学校教育中的发展进程,这里着重从深入挖掘武术文化和深入改革教学方式两个层面展开详细分析。

一、深入挖掘武术文化

　　提倡武术文化教学必须深入挖掘武术的文化资源,一方面要全方位地运用民间武术以及竞技武术进行武术文化教学,另一方面要尽快形成武术文化教学的崭新现代资源库,即网络资源。

(一)武术文化资源

就价值取向来说,一定要在竞技武术和民间武术之间得到最合理的张力。在资源开采方面,一定要在同一时间内挖掘竞技武术与民间武术两个资源。在操作方面,在科学运用竞技武术全方位地发展学生身体素质之前,一定要事先为民间武术的文化性以及民族性留有余地,在以竞技武术为主干的课程体系中给地方武术留有空间,从而使得师资培养、自我进修、教师素质重组上形成竞技武术与民间武术的合理组合。在武术教育课程体系的构建中,在国家性课程、地方性课程和校本课程三级管理体系中,国家性课程要抓大放小,建立武术教育需要实现的总体目标和示范性的教学模式与模块;地方性课程和校本课程要着力于提高武术课程的适应性,力争体现出武术的地方特色和武术技击范式的众多流派,同时对武术的地方特色予以保护且提供广阔的发展空间。

(二)武术教育网络资源

在国际互联网快速发展的过程中,"网民"的总人数不断增加,为更好地适应青少年学习方式的巨大转变以及现代技术变化使文化形态产生的变化,截至当前加大武术教育力度的必要性越来越大,挖掘武术文化同样包含武术教育网络资源的建设,武术教育同样对崭新文化资源库有很大需求,当前急需一个足够大的资源库以及和个人个性充分吻合的环境。武术教育网络资源能够有机结合虚拟教师以及远程教育,从本质上来说是把教科书、参考书、论文、网上书店、光盘融合在一起网话文互动状态的教材,也是武术教育在现代传媒技术支持下诞生的新型电子学校、电子大学等全新形态,还是优秀教师的教育资源为广大学生共享,可以向高水平教师合理匹配与之相对的学生和应用领域。在这项资源的建设过程中,不仅能让对接受教育有强烈渴望的人获得教育乃至最好的教育,还能使学生的学习逐步演变成个性化教学或者个性化教育销售,也有助于人们站在全新全面的视角思考武术教育在现阶段的问题,此外将学校武术视作大型数据库中的一个环节。对于学校武术和社会武术、竞技武术之间的关系,一定要站在全新的角度思考并定位,由此将武术师资培训的学校教育、在职培训、终身教育等,学生学习的学校教育、职业教育、终身教育,以及学习场所的学校学习、在家自习等弹性学习体制等新形态纳入这个"知识链"中进行考虑。在思考和解决当代武术教育问题的过程中,严禁只着眼于校园,相反应从更大的视野来思考并解决,尝试把图书馆、网络、民间拳师、地方武术等都视为学校武术教育的联合体,原因在于其蕴含着丰富的教育资源。

(三)开发主体

开采武术文化资源是教师和学生共同努力的成果,传统意义上的教师形象往往是传递并维护传统文化的使者,人们常常会用才高八斗等词语来夸赞教师。但在时代持续发展和变化的背景下,教师的传统形象受到了巨大挑战,越来越多的人深刻领会到学生同样是文化资源的拥有者,同时把老年人学习视为传统社会的教学和学习特征,将向青年人学习看作现代社会的教学与学习特征。由此可见,开采武术文化教学的过程中一定要充分激发这两个群体的主观能动性。

一方面,教师是开发武术文化教学的主体。开发校本课程时以及改变武术文化教学时,教师一定要全面发挥自身的主观能动性。教师不只是要充当国家课程标准的严格执行者,也要使地方武术特色更加鲜明、更加多样化;教师不只是要将技术动作准确传授给学生,也要保证学生准确领会丰富的文化内涵。

另一方面,在提倡教师加大武术文化资源利用力度和开采力度的同时,还要科学引导学生的行动,同时在整个行动中推动学生积极学习武术文化,如在强化武术知识自学的同时,要设法拓展武术文化教育的内容,设法使学习武术知识和了解传统文化以及增强民族精神紧密结合在一起。在开展武术教学的过程中,建议在分析并结合学生特点的基础上,有针对性地向学生准备一些武术文化知识自习题。从整体来说,教师一定要指导并推动学生在自主性的学习和研究中学习武术文化。

二、深入改革教学方式

教学模式改革不单单是武术教育如何教的问题,还会涉及"学生为本"教育理念的贯彻与落实问题。武术教学模式的改革除了改变过去"基本功、基本动作、套路、器械"等的教学顺序,采用先从散招(简单的攻防动作)教学入手之外,除了以历史传说切入技术教学,增添武术教学的文化性之外,通常我们可以立足于以下三个方面革新武术教育模式:

(一)教与学

对于教和学的中心安排来说,武术教育要由重"教"的教师中心转变为重"学"的学生中心,进而保证教师的"教"能够真正为学生的"学"服务。学生并非知识被动的加工对象,同样具备主体性,同时在教学活动或者学习过程中通过选择性与创造性等反映其作为主体的存在意义。在这种情况下,如何使学生的被动学习转变成主动探索就成为一个重要课题。

对于这个重要课题,教师可以选择并应用模仿教学法。在中小学武术教学中,特别是在小学武术教育中,建议教师全面发挥学生在模仿方面的天赋,在全面调动学生模仿积极性的基础上开展武术教学活动。具体来说,第一步是大力革新教师示范、学生跟学的单一化模式,采取家庭作业的形式使学生参照课本或者某项内容进行自行模仿,当全体学生都掌握自行模仿的要点后,教师和学生共同对照课本实施必不可少的动作规范性引导;第二步是在模仿课本的同时,可以将武术的模仿教学拓展为学生模仿的内容,把电影电视都纳入模仿对象的范围,在某些情况下可以把过去学生被动学习改成学生主动探寻模仿对象的探究性学习。

（二）学习载体

一些文化史家将人类文化传播历史划分成了三个阶段，即口传文化阶段、印刷文化阶段和电子文化阶段。电子媒介出现是人类文化传播史上的一次重要革命，原因在于不仅使文化传播方式和文化形态发生了重要改变，还使人类生活发生了巨大改变。在电子文化时代，学生的学习不再局限于书本学习以及身体学习，人们应当在现代媒介背景下积极探索现代武术教育学习的最新手段和最新路径。在这种背景下，我们可以借助电脑软件的开发等多种形式来构建武术动作库、开发武术动作变形玩具，从而使得武术学习的途径更加多元化，使学生在"做中学"。对于幼儿和小学生来说，在武术动作纸片的前后摆放、在电脑上对不同动作进行前后设定后的自动播放、动作变形金刚的摆弄等均属于青少年在各种技术支持下学习武术运动的崭新载体和崭新方式，这些载体和方式都有可能成为深受学生欢迎的学习武术的方式方法。

玩具模型的开发，可以随意变换模型的手型、步型，头的转动方向，并能够解决模型重心稳定问题，使武术动作成为儿童手中变形的"黏土"，让学生学习武术能够在"玩"中进行，或者说在从孩提时代的游戏中就不自觉地开始了武术的学习。

电脑的开发是一项系统过程，也是一块有待开发的处女地。动作的输录是一个系统，这个系统应该包括武术的基本手型、步型、基本动作；不同拳种动作风格的输录是另一个系统，在这个系统中同样的动作要能够体现出不同拳种流派的演练风格，例如，再现游戏，在动作输录后（在儿童编排好起势收势和动作过程后）能够体现出儿童命令的拳种风格演练。

不可忽视的是，散打游戏同样是一项需要尽快开发的文化产业，也是武术教育工作者应当高度重视的理论和实践问题，原因在于这同样是学生学习武术的可行性途径。在设定散打游戏程序时，不但要充分反映出拳种流派的散打风格、功力大小对散打游戏胜负产生的具体作用，而且要设法增加武术伦理（武德）对散打胜负的变量,换句话说就是存在差异的武德对今后游戏输赢产生的实际作用。

(三)教学方式

一般来说,填鸭式和启发式是教师授课的常见方式,这使得学生的学习方式有接受式和发现式之分。对于接受式学习来说,学习内容往往会以定论的形式反映出来,学生学习的心理机制或途径是同化,学生是知识的接受者。在发现学习中,学习内容往往是通过问题的形式间接反映出来,学生学习的心理机制或者渠道是顺应,学生充当着发现知识的角色。两种学习手段均有各自的存在价值,两者是相辅相成的关系。但需要注意的是,传统学习方式将接受的掌握置于尤为重要的位置上,对发现和探究的重要性视而不见,由此在实践过程中极端处理学生的认识过程,使学生学习和掌握书本知识的过程中只停留在直接接受书本知识的阶段,学生学习也演变成单方面被动地接受和记忆。毋庸置疑,这种学习会影响学生思维与智力的发展,降低学生的学习兴趣与学习热情,阻碍学生的全面发展。

就教学方式来说,一定要想方设法突破传统意义上教师教、学生学的接受式学习方式的教学模式,构建能够激发并发挥学生主体性的教学方法,在研究性学习、合作性学习、自主性学习等方面将学生学习的主观能动性充分发挥出来,直观呈现出武术学习过程中发现、探究、研究等认识活动,最终使武术学习过程演变成学生发现、提出、分析、解决问题的过程。

举例来说,在过去的武术技术课教学中,通常教师会重复示范,由此保证学生模仿的实效性和准确性,在此基础上教师需要反复重申完成动作的要点。例如,当教师指导学生学习右手冲拳(直拳)时,一般会在完整完成动作示范的基础上,边做边讲解如何正确蹬地、转胯、拧腰、顺肩、直线出击、力达拳面,然后自然回弹、原路返回、护于下颌,同时前手如何防护,在同一时间内也会让学生重复练习,最终彻底领会右手冲拳(直拳)的动作要领。从本质上来说,这种教学方法是填鸭式教学的代表性案例,尽管这种教学方式便于学生清晰、明了地了解各项动作,但由于学生在整个学习过程中都处在被动接受的地位,所以学生只有认真听老师讲并按照老师的要求完成,但学生自由发挥思想的空间十分有限,所以会对学生思维与智力的发展产生很大的负面作用,但绝大多数教学内容更适合采用启发式教学。

在武术教学的实践活动中,教师仅需适当转变教学方式,就有可能获得更好的教学成效。一般来说,建议教师不要把动作示范置于首位,而是先提出问题,如此能够引导学生积极思考并做出各种各样的动作,然后教师安排完成动作相对规范的学生出列"示范"并对该学生点评,在此基础上教师再亲自示范,指导学生首先模仿,然后自由练习,教师巡回检查,在巡回检查的过程中指出并纠正学生的问题。对于刚刚学习武术运动的学生来说,难免会在动作上出现这样那样的问题,一些新老师会逐一纠正每个学生的问题,但整个过程会十分费力,也会加大自身完成教学任务的难度,尤其是在武术课时有限的情况下。针对这种情况,教师应当先采用集体讲解的方式讲解共性问题,然后采取个别解决的方式解决个别问题,解决共性问题时同样要遵循"先抓主要矛盾"的原则,换句话说就是先解决主要问题。以冲拳为例,最先要解决的问题是发力顺序以及如何整体发力的问题,动作速度和动作规范应当界定为次要问题。如果将全部的问题或者动作要领都罗列出来,学生可能会因为面对的问题过多而不知所措,最终的结果是哪项问题都没有解决掉。要想获得事倍功半的效果,就应当先解决主要问题,主要问题被大体解决之后再逐个解决次重要问题,然后逐步过渡到小问题,最后立足于整体讲解动作要领并全面归纳。

如果学校的条件允许,则教师可以利用多媒体设备重复播放学生需要学习的动作(教师在备课环节应事先到冠军光盘上截取相应的内容,然后对截取的内容进行编辑处理),如此会给学生增加一个的教师的无数次的演练示范,最终获得的教学效果事半功倍。

就普通高校的学生而言,教师可以启发学生分析动作原理,保证学生形成深刻、通透的认识。以冲拳(直拳)为例,从本质上说其是撞击性的技法,关于学生为什么需要蹬地、转胯、拧腰、顺肩、快速出击、快速回弹的问题,建议教师提示学生联想中学里物理课的动量定理 $Ft=m\Delta v$,进行分析。当学生充分发挥思考的空间之后,教师进行整合和归纳,明确指出学生可以随时补充。被击打物体受到的冲量等于施力物体动量的变化,受到的力与施力物体的质量和速度变化成正比(如果施力物体撞击后速度变为 0,那么可以认为和施力物体的速度成正比),与撞击一瞬间的时间成反比。出拳时不是单纯的手臂运动,而要求蹬地、转胯、拧腰、顺肩,是为了整体发力,主要从增加质量 m 的角度出发,出拳迅速是从提高速度 v 的角度出发,发力干脆是从缩短发力时间 t 的角度出发,总之,一切是为了提高击打力量。当然再深挖一步,对对方的破坏程度取决于压强,故在发力点足够硬的前提下,可以尽量减小发力面积 s,可以将力点由拳面变成手指,从而大大缩小了击打面,提高了压强(这一点一般学生做不到,所以不必过于强调)。这样就可以使学生从原理上了解,为何要蹬地、转胯、拧腰、顺肩(增加 m),为何要快速出击(不仅是为了缩短对方的反应时间,还为了提高技术),为何要"出手不见手",快如触电,迅速回弹(为了防守,同时缩短 t),无论是增 m,提高 v,还是缩短 t,都是为了增加击打力度,因为 $F=m\Delta v/t$。

下面一部分,我们将以普通高校武术选项课一学年的教学设计为例(该设计见第七章第三节的第二部分的表格),详细讲解具体到每堂课的教学过程及教学方法。

(四)教学过程的具体分析

这里以普通高校武术选项课为例,详细讲解每堂课的教学过程和教学方式,具体如下:

1. 第一学期内容安排的论证

第一学期技术课内容应当以攻防对抗的基本技术、组合技术为主,将教学重点设定成为第二学期的攻防对抗奠定基础,着重指导学生深刻领会武术运动蕴含的文化内涵。以武术礼节的介绍与课堂实践为例,学生不仅能亲身体会中华民族文化"重德崇礼"的特点;教师要求全体学生的所有攻防动作都追求整体协调的"求整劲"过程,往往能使学生深刻理解中国文化的整体和谐观;从直拳的"蓄劲如开弓,发劲如放箭",鞭拳的"横扫千军",劈拳的"力劈华山"等,可以体会武术动作的意境美;从组合动作的声东击西、左右开弓、上下呼应、佯攻直取,可以体会传统兵法知识。从整体来说,教师需要使学生明白的是:武术不单单是一项难度较小的肢体动作,武术运动中还蕴含着不同的文化内涵。下面细化到每堂课,对每堂课的内容安排和教学方式进行详细阐析。

第一堂技术课,首先,明确武术课的基本要求,并大体上介绍一下体育、民族传统体育、武术、攻防技术的概况,以及整个学年的武术课内容的宏观安排和具体到每一堂课的微观程序,使学生对武术选项课形成一个整体认识。其次,介绍一下武术的基本常识,如基本手型、步型,基本手法、腿法、步法。然后,进行以柔韧性为主的基本功练习(肩、腰、腿),并着重讲解柔韧性练习的重要性(最主要的着眼点,为整体劲力的形成创造条件,扫清力的通道上的障碍,打通力量传递的路径,然后,增加关节的活动范围,加大动作的运动幅度,使广大学生从"知其所以然"的角度理解每堂课贯穿柔韧基本功练习的意义所在。柔韧性练习除了压肩、压腿、前后俯腰外,对肩部还可选用劈挂拳的前后劈掌、左右双劈掌、左右单劈掌、横向劈掌等基本功进行练习;对腰部还可以采用涮腰、仆步抡拍以及劈挂拳的各种穿掌和八卦掌的白蛇缠身、飞燕抄水、锦鸡撒膀等基本动作进行练习;对下肢一般采用正踢、侧踢、外摆、里合等直摆性腿法练习。最后,重点讲解实战的基本姿势,并配合各种步法进行练习。

　　针对实战姿势,建议教师运用启发式教学,从而促使学生自觉、大胆地想象:当有人拦路抢劫,自己的人身安全受到威胁时,应当先采用哪种姿势防护? 随后安排学生自由发挥并演示给大家,教师对学生的表现进行点评。经过学生想象力的充分发挥以后,教师再一一介绍警戒姿势、各种技击术及武术的多个拳种的实战姿势,例如,跆拳道、拳击、泰拳、摔跤、击剑等的实战姿势,八卦掌的青龙出水式、形意拳的三体式、翻子拳的骑龙式、现代散打的基本站位姿势等。介绍过程中也可以启发学生思考:为什么警戒姿势要两脚前后开立? 各种技击术及不同武术拳种的实战姿势的成因及优缺点是什么? 最后,根据武术全方位攻防的实际需要,选定最适宜的武术攻防实战姿势。站位原则:移动灵活、便于整体协调发力,并利于保护自己。对此仍然可以采用启发式教学,教师先做示范,让学生模仿,自由练习,教师对共性问题、主要问题逐步纠正。经过多次重复练习,学生的姿势基本成型后,再进行整体总结,可以从下肢的微提踵(后面支撑腿)、微屈膝、微内扣,到躯干的敛臀实腹、含胸拔背,再到上肢的松肩垂肘及头部的下颌微收、头顶微领,一一讲起。总之,基本实战姿势是一个"蓄势待发"的动作,可形象地比喻为"蓄势如开弓",更进一步,要求躯干及上下肢的"身背五弓"。从"知其所以然"的角度也可以首先提问人的脊柱的几个生理弯曲的意义(减少走路时对大脑的震荡),然后,反其意而用之,为了在进攻时形成整体劲,以免蹬地之力被身体卸掉,就要除去生理弯曲,保持"身背五弓"的身形,从而使学生理解为什么对实战姿势作如上要求。当学生大体掌握基本姿势之后,教师应当安排学生参与各类步法的移动练习,通常建立教师先安排集体学习,再安排配对练习。

　　第二堂技术课除了贯穿每一堂课的基本功练习和一刻钟的素质练习外,开始学习基本肘法和膝法,然后重点讲解冲拳(直拳)、弹踢。首先安排肘法和膝法是基于形成整劲的考虑。对一般学生而言,初步学习各种拳法、腿法,习惯于局部发力,没有蹬地、转胯、拧腰的整体意识。而肘法、膝法进攻,由于力点相对拳脚距躯干更近,如果不靠身体转动,很难完成动作,所以更容易整体运动。因此,应该把肘法和膝法放在前面首先学习,若时间允许,在此之前还可以进行肩动、胯动练习。肘法和膝法可以重点学习盘肘(用肘尖扫击)、顶肘、下压肘和顶膝、撞膝等。该教学过程也可首先模拟各种防卫场景:若被从前面抱住腰、从后面抱腰、从下面抱住腿,应该如何解脱?然后再介绍:盘肘的横向扫击,后转身顶肘点击,下压肘纵向砸击等。膝法学习同样可以首先模拟。在模拟防卫场景的基础上进行示范领做,强调身体的转动和送髋等动作要领,最后,让学生自由练习体会。当学生拥有足够大的思考空间之后,学生的主观能动性才能被充分调动起来,学生才会主动学习相关的教学内容。

通过肘法和膝法的学习,学生对整体运动有了初步认识,在此基础上再学习冲拳和弹踢,会相对容易。冲拳(直拳)、弹踢的要领可以形象地比喻成门扇运动,即迅速绕轴转动,重点强调力源、力点以及转动轴,将身体比作通道,要使脚下之力顺畅地传到拳面或脚面(脚背),应放松发力,也可用弹簧运动作比喻。从"知其所以然"的角度,可启发学生回顾中学物理学中的动量定理 $Ft=m\Delta v$(前面已讲,不再赘述)。待学生动作基本成型以后,进行要点总结。以弹踢腿为例,第一,要重心前移,送跨顶膝(增大前冲的质量);第二,起膝时尽量先减小进攻腿的大小腿夹角,这样可以增大发力前小腿的摆动角度,进一步提高发力点——脚背的线速度;第三,发力干脆,迅速回弹(缩短发力时间);第四,注意动作规范,即下肢进攻时上肢的防护,右拳进攻时左臂的防护等,整个过程注意实战姿势的基本要素,形成必要的自我保护意识。明白以上要点后再进行反复的练习,在学生大体掌握动作要领的前提下,让其逐步体会"发劲如放箭"的意境,给学生充分想象的空间。最后的环节是配合步法进行移动练习,重点在于上下肢的配合,即步动、手动,上下一致。

第三堂课和第四堂课分别学习摆拳、抄拳、鞭拳、劈拳、截腿、正蹬腿、鞭腿(侧弹踢)、侧踹、劈腿,并重点练习垫步、换步、侧闪步、疾步。通过各个方向的拳法、腿法来进一步实践整体发力的要领。以上各种技法,有的侧重于撞击,有的侧重于鞭打,虽然从动量定理角度出发,速度、质量、时间都要兼顾,但是,侧重于撞击的技法应该将练习重点放在提高冲量上,侧重于鞭打的技法应该将练习重点放在缩短击打时间上,实践证明,这样会起到事半功倍的效果。在学习以旋转为主的技法时,运用普通物理中转动惯量的知识($I=\sum mr^2$)来讲解为什么旋转时尽量将身体各部位收向旋转轴(减小半径,使身体尽量靠近旋转轴,可减小转动惯量,而$L=I\omega$,在角动量一定的情况下,转动惯量越小,转速越快,从而增加撞击的力量),从而如何通过利用转动半径来增大和减小转动速度。当然,也可以芭蕾舞演员或花样滑冰运动员旋转时的开合作比喻。

第五堂课开始由重点进行各种技法的定步打靶练习逐渐向配合步法练习过渡,逐步掌握在移动中发力的技巧。另外,介绍一些优秀拳种的技法,如搬、拦、挤、靠,推、拖、带、领,勾、搂、刁、拿等,从而使学生进一步了解中国武术的博大精深。

第六堂课应着手安排学生参与行进间的打靶练习,同时指导学生学习并掌握接触性防守练习和非接触性防守练习的要点。教师要想使学生深刻领会到学习武术运动的乐趣,同时使学生对抗过程中的距离感和时间差等反应能力有所增强,建议教师每节课都要求学生完成摸肩、踩脚练习。

第七堂课可以安排复习和综合练习,也可机动调整。在基本技术巩固性练习的基础上,可以进入组合技术学习阶段。从第八堂课起,大约用 3 堂课的时间,学习组合技术,然后再拿出一堂课进行综合复习与练习。针对大学公共体育选项课学生的特点,组合技术不宜太难、太复杂,一般以简单的拳拳组合、拳肘组合、腿腿组合、腿膝组合,以及上下肢配合为主,可以多介绍一些(一般20 个左右为宜,太多了学生会摸不着重点,反而不利于学习),让学生根据自身实际从中选出适合自己特点的几个(选择 5~6 个即可,否则无法精练)进行重点练习,也鼓励学生自由创编,让其形成自己的特色。在学生练习组合动作的过程中,教师应提醒学生增加活靶移动和防守性练习,从而促使学生参与增强其对抗意识的训练。

第十二堂课开始进行这一学期所学技术的总复习,准备进行期末考试。第十三周考查基本技术,第十四周考查组合技术。基本技术的考试拟运用专门研制的测力仪进行,测试结果按击打时测得的实际力量数据除以体重计算。组合技术以打靶的形式和套路演练的形式(将几个其常用组合进行简单的串编而成的简短套路)进行考查。

理论课分为体育基础理论、东西方体育介绍、武术概述等几大部分。基础体育理论可以分为以下几类内容:体育的基本概念和分类,竞技体育和学校体育的区别,各类体育项目对人全面发展的意义,对人体健康最适宜的运动量和强度,以及长跑练习对脑力工作者的意义所在。西方体育以项群理论分类简要讲解,民族传统体育分项目一一介绍,并通过视频进行展示,然后重点讲解中国传统文化特色较浓的舞龙舞狮、气功和太极柔力球,从中渗透传统文化教育的内容。武术概述主要讲解武术的概念、分类、特点、价值功能、简史,武术的文化历程、文化特色、武术礼仪,武术技法结构、技法特点、技法原理(以撞击性技法为主)等。最后,列出几道关于体育、民族传统体育、武术的自由发挥性论述题,作为这一学期的理论成绩。理论课的重点:一是让学生充分了解学校体育;二是让学生了解西方体育之外的民族传统体育的多姿多彩;三是总结武术的技法原理,感悟武术的博大精深,体验武术技法背后的文化底蕴,从而增强民族自信心和民族自豪感,进行爱国主义教育熏陶。从本质上来说,这些内容早已贯穿在每节技术课中,理论课仅仅是进行相对系统的归纳和整合。

2. 第二学期内容安排的论证

第二学期的内容更多地以对抗性运动为主(几乎贯穿于每一

堂课),应该将民族精神的培育放在首要位置。通过对抗逐步培养学生的拼打精神,特别是对于那些平时胆小怕事的学生,更应使其通过武术课培养敢于对抗、勇于抗争的胆识,重点培养"自强不息"的精神。另外,通过武德知识的潜移默化,以及刑法关于正当防卫和防卫过当的界定等知识的介绍,使学生牢固树立道德法律意识,特别是对于那些惯于惹是生非的学生,更应培养其注重武德修养的品行,重点培养"厚德载物"的精神。这些精神教育的内容应该贯穿于每堂技术课。

该学期在继续巩固练习上学期技术的基础上,更多地开展对抗性练习,并开始转入另一类技法——摔法和拿法的学习。从发力的方式而言,摔法和拿法与前面的拳法和腿法分别属于不同的技法范畴。拳法和腿法属于撞击性技法,而摔法和拿法属于粘连性技法。仅从发出更大的撞击力量角度出发,拳腿攻击法在发力前,力点应尽量远离目标,以增加加速的距离,从而发出更大的力量。而后者相反,需要首先尽力接近目标,为控制对方,更巧妙地用力创造条件。和徒手技法相比,器械的技法拥有更加鲜明的特色,可以相对完整地向学生呈现出武术的技法体系,课程后半部分应当着重介绍一些集简便性和实用性于一身的器械技法。

第一堂课对上一学期的技法进行复习、回忆和练习,以更好地将两学期的内容衔接,为接下来要贯穿每一堂课的对抗性练习做好铺垫。第二堂课学习一些传统拳种的技法,主要是各拳种中将打法和拿法、摔法结合的技法,从而更自然地向下一种技法过渡。许多传统的技法特点是"尚巧",以走圆画弧为主,这可以让学生进一步体会武术的博大精深以及"尚巧不尚力"的特点。但是,这些技法相对比较复杂难学,教学方法应以示范领做为主。从这一堂课开始,进入拿法的学习阶段,主要围绕指、腕、肘等几个部位,首先介绍几种基本拿法,为学习各种防卫性拿法打下基础。拿法大体可以分为两种:一种是抓经拿脉,另一种是分筋错骨。前一种的技术关键是垂直对穿,后一种的技术关键是使发力时的支点相对固定,以支点为圆心画弧,整个运劲过程注意运用整劲。

第三堂课、第四堂课以学习摔法为主,同时练习基本拿法。这里的摔法不同于一般的摔跤,而是以实战中的快摔为主。摔法的技术步骤与太极柔力球比较类似,可以归纳为迎、纳、引、发(控)。要想达到摔倒对方的目的,首先要尽可能靠近对方,换句话说就是积极地去迎,这和第一学期的撞击性技法恰恰相反;其次是采取抓、扣、夹等方法,将对方的某个部位牢牢固定,在此基础上彻底控制对方的身体;再次是引,具体就是借助拉伸或者旋转运动设法使对方的身体重心在水平面的射影偏离其身体的支撑点外边缘的连线的区域;最后是将对方发出或控制于地。通常来说,摔法主要学习几种常见的对付上下肢进攻的方法。教师要确保学生能够在短时间内接受,一般建议技法数量在 10 个以内,同时以精练为主。

从第五堂课开始进行摔法的配对练习,并逐渐向固定、不固定的对抗性练习过渡,同时学习防卫性拿法,主要介绍几种身体的某一部位被对方控制住的破解方法。第六次课重点进行防卫性的拿法练习和其他防守反击技术的学习,并简要介绍一下短兵实战的基本站位势,开始向器械的学习阶段过渡。

第七堂课、第八堂课在继续进行徒手对抗性练习的同时,开始学习短器械的刺、劈、砍、斩等基本进攻的方法和截、点、格、架等基本防守方法。第九堂课和第十堂课分别学习一些器械的进攻型组合和防守反击组合,并开始进行模拟徒手实战性练习。第十一堂课重点进行短器械的对抗性练习。

后面 3 周以技术考核为主。主要考核徒手实战和学生根据器械组合自编而成的简短套路。理论课首先回顾上一学期学习的众多内容,由于间隔了半年之久,学生对此应该比较生疏了,所以要花费近一个课时的时间,然后从武术技法的回顾逐步过渡到武术攻防技术体系的讲解,讲解内容包括:技法原理(以粘连性技法为主),对抗过程中主要战术的运用,主动进攻和防守反击两类技战术的要点、应注意的问题。立足于武术的防卫性文化特色,接下来应重点讲解正当防卫的条件及防卫过当的基本规定,在被迫防卫时应该注意的问题。在此,以人体模型为样板,介绍人体的要害部位,重点指明哪些部位受到击打后会致命、哪些部位受到击打后人会丧失反抗能力,是十分必要的。最后一部分有关武术与民族精神的内容:第一,详细论述民族精神的根基和核心;第二,详细论述独生子女身上的共性问题;第三,详细讲解如何在参与武术锻炼的过程中解决上述问题,同时逐步使学生领会并拥有优良的民族精神。一般来说,理论考试的内容有常识性的判断分析、主要技法要领的简答和重点内容的论述,分层次检查学生对体育和武术的相关内容和基本技法、重点要领的掌握程度。

　　以上是站在微观角度,细化到每一堂课,逐一论证一学年每堂课的内容安排,这种内容体系的安排是在大范围调查的基础上,经过很长时间的改革实践逐步确立的。从本质上来说,摸索时期的课程改革仅仅是一个不断实践的过程,是在此基础上逐步上升到理论,再对实践活动产生指导性作用,然后发现问题并反复修正的过程。在以后的实践过程中,武术文化在学校教育中会逐步发展和完善。

参考文献

[1]邱丕相.武术文化传承与教育研究[M].太原:山西科学技术出版社,2015.

[2]蔡宝忠.武术文化[M].北京:高等教育出版社,2011.

[3]朱威烈.国际文化战略研究[M].上海:上海外语教育出版社,2002.

[4]《国务院办公厅关于加强我国非物质文化遗产保护工作的意见》.国办发〔2005〕18 号.

[5]王震.司马法——武器装备思想研究[J].山东大学学报,2006(4).

[6]华博.中国世界武术文化[M].北京:时事出版社,2007.

[7]乔凤杰.中华武术与传统文化[M].北京:社会科学文献出版社,2006.

[8]刘俊骧.武术文化与修身[M].北京:中央编译出版社,2008.

[9]闫洪涛,左文泉,潘治国.武术的文化底蕴与运动原理[M].西安:西安地图出版社,2009.

[10]滕希望,王海鸥.武术在全民健身中的优势与发展策略研究[J].体育文化导刊,2016(7).

[11]李伟.传统武术在全民健身中的优势与发展策略[J].当代体育科技,2016(17).

[12]冯艳琼.地域武术与武术文化研究[M].北京:人民体育出版社,2009.

[13]王明建,李文鸿,张峰,等.地域武术文化品牌的构建与应用研究——以四川峨眉武术为例[J].山东体育学院学报,2016(4).

[14]郭洪涛,李良松,张庆山,等.武术与中医学[M].北京：中国中医药出版社,2017.

[15]国家体育总局健身气功管理中心.健身气功：易筋经、五禽戏、六字诀、八段锦[M].北京：人民体育出版社,2005.

[16]顾莉.竞技武术套路文化审视[D].苏州：苏州大学,2007.

[17]周光辉.武术入奥的现实困境与发展对策研究[D].重庆：重庆大学,2015.

[18]汪珂永.中华传统武术文化及传承[M].北京：光明日报出版社,2017.

[19]钟为民,徐宏魁,王彦庆.传统武术与健身研究[M].长春：吉林大学出版社.2012.

[20]周中之.伦理学[M].北京：人民出版社,2004.

[21]张冠宇.人生语录[M].北京：人民出版社,2004.

[22]周未娟.从跆拳道的入奥历程论竞技武术的改革思路[D].金华：浙江师范大学 ,2009.

[23]杨建营.生态文明视域下的武术发展研究[D].上海：上海体育学院,2010.

[24]吴明冬.竞技武术国际化发展战略重点与实施策略研究[D].上海：上海体育学院,2011.

[25]陈姗.传统武术文化传承与发展研究[M].北京：人民日报出版社,2016.

[26]温力.武术与武术文化[M].北京：人民体育出版社,2009.

[27]刘彩平.当代学校武术教育价值刍论[M].北京：北京体育大学出版社,2011.

[28]陈雁飞.中国学校武术教育沿革与发展、反思与探索[M].北京：北京出版社,2005.

[29]孙刚.全球化背景下学校武术教育的文化选择[M].天津：天津教育出版社,2014.

[30]金龙.传统武术的现代价值探析及科学发展体系的构建[M].北京：新华出版社,2015.